BARBARA NORDMEYER

DAS ICH IN DER VERANTWORTUNG FÜR DIE WELT

W0189165

BARBARA NORDMEYER

Das Ich
in der Verantwortung
für die Welt

ZEHN LEBENSBILDER

EINER JAHRHUNDERTWENDE

URACHHAUS

ISBN 3 87838 2189

© 1980 Verlag Urachhaus Johannes M. Mayer GmbH & Co KG Stuttgart.
2. Auflage. 8.–12. Tausend. Alle Rechte, auch die des auszugsweisen
Nachdrucks und der photomechanischen Wiedergabe, vorbehalten.
Satz und Druck der Offizin Chr. Scheufele Stuttgart.

INHALT

VORWORT   7

NAPOLEON
Ein Karzinom der Gewalt   13

JOHANN GOTTLIEB FICHTE
Ein Priester der Wahrheit   28

JEAN FRÉDÉRIC OBERLIN
Der Christ und die Erde   51

SERAFIM VON SAROW
» . . . betet ohne Unterlaß «   66

HEINRICH JUNG-STILLING
Der verborgene Mysterienhintergrund der Jahrhundertwende   83

FRIEDRICH HÖLDERLIN
»Was bleibt aber stiften die Dichter «   101

CAROLINE SCHELLING
»Der sanfte Mut des Herzens «   124

WILLIAM WILBERFORCE
»The Voice of an Angel«   140

ABRAHAM LINCOLN
Ein soziales Gewissen   152

JUSTINUS KERNER
Erforschung des Geisterreiches   178

VORWORT

Jeder Mensch hat sein persönliches Geschick, einzig ihm allein angemessen und zugeordnet. Daraus erwachsen die Lebensziele, in denen sich zuweilen etwas von den vorgeburtlichen Entschlüssen der Persönlichkeit spiegeln kann. Aber das rätselhafte Muster des Lebensteppichs zeigt noch andere Strukturen, die nicht dem eigenen Willen entstammen. Wir leben das Zeitenschicksal mit und müssen es hinnehmen, daß der eigene Wille durchkreuzt wird von Mächten, die sich fremd und gewalttätig ausnehmen.

Einige Beispiele: Es ist Krieg – der Einzelne mag meinen: Was geht mich das an? Dennoch zwingt er dem Leben ein anderes Gesetz auf.

Oder die sozialen Verhältnisse sind so krank und chaotisch, daß sie keinen Boden zur Selbstverwirklichung hergeben. Das können sehr gefährliche Augenblicke sein, wenn das nagende Gefühl, nicht gebraucht zu werden, den Lebenswillen untergräbt.

Eine Krankheit befällt dich – sie kann ganz mit deinem höchst persönlichen Schicksal verknüpft sein. Es kann aber auch eine Seuche sein, in der sich das Krankheitsphänomen einer Epoche manifestiert. So galt im Mittelalter die Pest als Geißel der Zeit. Und wer wüßte nicht, daß sich heutzutage der Krebs zu einer der großen Plagen unseres Jahrhunderts ausgewachsen hat. Daß wir von der Krankheit ergriffen werden, mag mit dem Zeitenschicksal zusammenhängen; wie wir sie durchstehen, ist höchst individuell und kann sogar ein wichtiger Beitrag zur Heilung des Gesamtphänomens sein.

Man sieht, der Begriff Zeitkrankheit als Ausdruck einer inneren Schwäche, ist nicht neu. Auf unsere Epoche spezialisiert, findet man ihn auch bei Rudolf Steiner, der von den sozialen Verhältnissen unserer Zeit so spricht, daß man an ihnen karzinöse Tendenzen ablesen könne. – Die Krebsgeschwulst wächst, wenn Zellen der Formgestalt entfallen und zu wuchern beginnen. Dieselbe Tendenz spiegelt sich jedoch in unseren sozialen Verhältnissen. Die einzelnen Wirtschaftszweige haben sich verselbständigt, sind nicht mehr den menschlichen Bedürfnissen angepaßt. Da ist etwas ins Wuchern geraten. Das geht so weit, daß man heute in bezug auf die Herstellung von Kernkraftwerken davon spricht, die Wirtschaftlichkeit des Unternehmens setze den Bau von immer weiteren Kraftwerken voraus.

Was ist das für eine Macht, die wächst und wuchert und zerstört und dem Menschen längst das Gesetz des Handelns aus der Hand gerissen hat?

Zuweilen blitzt in einem jungen Menschen wie ein Lichtstrahl die Erkenntnis des wahren Sachverhalts auf und erhellt für einen Augenblick die geistige Szenerie der Epoche. – Wußte der Abiturient Hermann Kükelhaus, was er tat, als er am Beginn des letzten Krieges zur Abschlußfeier in der Napola Stuhm in Ostpreußen eine Rede hielt: »Der Machthaber und die Masse?« Sprach hier der Zeitgeist selbst aus dem Mund eines 18jährigen, wenn er das Phänomen der Macht in ihren geschichtlichen Vertretern als »kosmisches Karzinom«, als klinischen Fall des Erdkörpers analysierte, das man weder durch Angriff noch durch Duldung, sondern nur durch geistige Intensität zerstrahlen könne?*

Von Zeit zu Zeit wird die Erde befallen von solch einem wuchernden Tumor der Gewalt und Machthaberei, die alles in ihren kränkenden Sog hineinzieht.

Die Beispiele dieses Jahrhunderts liegen uns zu nah, als daß sie uns ein objektives Bild gewährleisten könnten.

Der Beginn des vorigen Jahrhunderts jedoch zeigt uns so deutlich wie kaum je die Phänomene solch eines kosmischen Karzinoms, daß es sich verlohnt, im Hinblick darauf das historische Gewissen zu schärfen, zumal die Überwinderkräfte der einzelnen Iche ihre heilende Strahlkraft weithin leuchten lassen, und man bemerkt: selbst diesen Mächten ist eine positive Aufgabe zugeschrieben.

Das napoleonische Zeitalter ist nicht nur geprägt vom Dämon der Herrschsucht, sondern zugleich von der überlegenen Vollmacht des Genius, der das einzelne Ich zu unerhörten Leistungen herausfordert.

* Hermann Kükelhaus: »Ein Narr der Held«; siehe Barbara Nordmeyer: »Zeitgewissen«, Stuttgart 1966.

So vermag vielleicht der Blick auf diese Epoche die innere Zuversicht zu stärken, daß in uns, in jedem Einzelnen die Kraft des Unüberwindlichen lebt.

Die Auswahl der Persönlichkeiten kann zufällig erscheinen. Wie viele Namen, bekannte und unbekannte, müßten aufklingen. »Die ganze Menschheit ist der Mensch.« Dieses Wort von Goethe ist wie ein Siegel, dessen Prägekraft nie erlischt.

Die wunderbaren Figuren der Sternbilder am Himmel können ein Gleichnis sein für die geheime Ordnung menschlicher Gruppierungen. Nicht das macht die Einprägsamkeit und Schönheit eines Sternbildes aus, daß alle dazugehörigen Sterne gleichförmig zusammengehäuft sind, sondern daß jeder an seinem Platz steht und sein eigenes Licht leuchten läßt, auf dem Hintergrund der zahl- und namenlosen Pracht des ganzen Firmamentes.

Das Menschheitsgestirn, das den Anfang des vorigen Jahrhunderts hell erleuchtete, bevor die verdunkelnde Gewalt des Materialismus hereinbrach, umfaßt die verschiedenartigsten Geschicke. Sie stehen stellvertretend für viele. Der Kämpfer hat seinen Platz – gleichwertig daneben der Dulder. Der Heilige ist da sowie der an seiner Schuld Wachsende. Der in den Wahnsinn entgleitende Genius ist genauso wichtig wie der schicksallos Glückliche, der Menschheitsschicksal auf sich nimmt. Die Stiftung einer anfänglichen sozialen Neuordnung gehört zusammen mit der Suche nach einem Erkenntnisorgan für das Übersinnliche.

Alle weben am gleichen Lebensteppich, ohne es zu wissen. Um so großartiger, wenn die Fäden hie und da zusammenlaufen und etwas von dem geheimen Muster erahnbar wird.

NAPOLEON

Ein Karzinom der Gewalt

Napoleon – dieser Name schmettert wie eine Fanfare in den Beginn des 19. Jahrhunderts, Schrecken und Faszination zugleich erzeugend. Befeuernd und lähmend zieht er Bewunderung und Furcht zugleich auf seine Spur.

Man kann nur in Gegensätzen von ihm sprechen. Das wuchert über die Erde hin, nicht etwa mit der fortzeugenden Kraft einer echten Idee – keineswegs –, sondern mit der Aufgeblähtheit der eigenen überdimensionalen Person, die alles in sich hineinsaugt und Menschen wie Ameisen zerquetscht.

Doch seine Zeit ist kurz bemessen. Die Menschen waren da, die durch die Vollmacht ihres Ich das Karzinom zerstrahlten. In dem Memorial, das Napoleon auf St. Helena diktierte, sprach er selbst von den zwei Wirkensmächten, die das Schicksal der Erde bestimmen: der Säbel und der Geist. »Zuletzt (das war nun seine bittere Lebenserfahrung geworden) wird immer der Geist siegen.«

Ist das nur die Resignation eines Gescheiterten? Oder drückt sich darin eine Gesetzmäßigkeit aus? Was vermag der Geist, der ein menschliches Ich voll ergreift?

Es war im Januar 1813. Allmählich hatte sich das scheue

Gemunkel zur offenen Wahrheit verdichtet: »La grande Armée« ist in Rußland geschlagen, Napoleon hat sich nach Paris gerettet und schmiedet bereits neue Pläne. Der König von Preußen, so hört man, begibt sich nach Breslau und will die Jugend zu den Fahnen rufen. Aber gegen wen? Das weiß man bei dem zögernden Wesen des Königs nicht. Noch ist er der Verbündete Napoleons.

Breslau war damals eine wichtige Universitätsstadt. Henrik Steffens, einer der bedeutendsten Naturforscher der Goethezeit, mit Schelling befreundet, war durch seine mitreißende Rednergabe der Mittelpunkt der Studentenschaft geworden. Das Zeitenschicksal bewegte ihn im Innersten. Die lähmende Ungewißheit ist nicht länger zu ertragen. Da leuchtet in einer schlaflosen Nacht ein Gedanke in ihm auf: »›Es steht ja bei dir, den Krieg zu erklären, und was der Hof beschließen wird, kann dir ja gleichgültig sein‹ – Niemand wußte von seinem Plan, als er am 3. Februar morgens 8 Uhr das Katheder bestieg und vor einem kleinen Kreis einen Vortrag über Naturphilosophie hielt, den er mit folgenden Worten beschloß: ›Meine Herren! Ich sollte um 11 Uhr einen zweiten Vortrag halten, ich werde die Zeit aber benutzen, um über einen Gegenstand mit Ihnen zu sprechen, der wichtiger ist. Der Aufruf Seiner Majestät an die Jugend, sich freiwillig zu bewaffnen, ist bereits erschienen oder wird noch heute an Sie ergehen. Dieser wird Gegenstand meiner Rede sein. Machen Sie meinen Entschluß allenthalben bekannt. Ob die übrigen Vorträge in dieser Stunde versäumt werden, ist gleichgültig. Ich erwarte so viele als der Saal zu fassen vermag.‹

Einem Lauffeuer gleich verbreitete sich die Kunde in der ganzen Stadt. Bereits gegen 10 Uhr hatte sich vor Steffens Wohnung eine riesige, aufgeregt wogende Menge versammelt. Auch der Hörsaal war gedrängt voll. In den Fenstern standen viele, die Türe konnte nicht geschlossen werden, auf dem Korridor, auf der Treppe, selbst auf der Straße wimmelte es von Menschen.

Gefaßt und entschlossen bestieg Steffens das Katheder und verkündete, was fünf Jahre zentnerschwer auf seinem Gemüt gelastet, was in seinem Herzen gebrannt hatte: Jetzt endlich war die geschichtliche Stunde der Befreiung angebrochen, und das Joch des Tyrannen konnte abgeschüttelt werden. Seine Beredsamkeit steigerte sich und schwang sich zu ungeahnten Höhepunkten empor. Die Menge geriet in Begeisterung. Steffens beendete die Ansprache mit der Ankündigung, er werde sich als Freiwilliger für den bevorstehenden Kampf melden.

Am nächsten Tag mußte Steffens seine Rede vor einer noch größeren Menge wiederholen. Die ganze Stadt, ja auch deren Umgebung, geriet in gärende Bewegung. General Scharnhorst, der dem Stab des Königs angehörte, umarmte ihn und sagte: ›Steffens, ich wünsche Ihnen Glück! Sie wissen nicht, was Sie getan haben!‹«*

Der Mut, die Geistes-Gegenwart eines Einzelnen gaben dem Schicksal die Wende.

* Ingeborg Möller: »Henrik Steffens«, Stuttgart 1962.

Was hat dieser Napoleon mit all seinen Kriegen eigentlich gewollt? Welches waren seine Ziele? War er der Bannerträger einer Mission, einer Idee? Mitnichten. Die ersten Worte, die er als Konsul ausspricht, lauten: »Ich erkläre die Revolution für beendet.« Nichts war ihm widerwärtiger als die drei Ideale Freiheit, Gleichheit, Brüderlichkeit. Friedrich Sieburg trifft den Kern, wenn er in seiner glänzenden Biographie Napoleons schreibt: »Er hatte nur einen Antrieb – die Macht; und nur ein Ziel: die Ausbreitung seiner Person über die Welt.«

Hatte Napoleon doch selbst von sich bekannt: »Ich liebe die Macht, aber ich liebe sie als Künstler, wie ein Musiker seine Geige liebt, um ihr Harmonien zu entlocken.« Ein solcher Mensch braucht den fortwährenden Krieg, die Schlacht ist sein Element, durch das er sich bestätigt fühlt.

Er wollte die Weltherrschaft, nicht mehr und nicht weniger, und »dazu bedurfte ich der unbegrenzten Macht«.

Dieser kühle Kopf, dieser großartige Mathematiker ist zugleich ein Visionär. Träume quellen wie Blasen auf und brodeln die grenzenlose Übersteigerung seines Ich an die Oberfläche. Was geht ihn »der Maulwurfshügel Europa« an? Sein Feldzug nach Moskau war doch nur als Etappe auf dem Weg nach Indien gedacht – um dort die Engländer zu treffen.

»Ich sah mich«, sagte er später, »auf dem Wege nach Asien, nachdem ich eine neue Religion gestiftet, auf einem Elefanten reiten, den Turban auf dem Kopf, einen neuen Koran in der Hand, nach meinem Ermessen verfaßt. Die

NAPOLEON

1769 – 1821

Erfahrungen zweier Welten wollte ich in meinem Unternehmen vereinigen, die Geschichte mir dienstbar machen, die englische Macht in Indien angreifen und durch diese Eroberungen meine Verbindung mit Europa wieder anknüpfen.«

Immer hat ihn der Orient gelockt. Als man dem in Italien über Nacht berühmt gewordenen kleinen General das Kommando in Ägypten übergibt, um ihn in Paris loszuwerden, da weiß er nicht nur glänzende Schlachten zu schlagen, zugleich wird eine reibungslos funktionierende Verwaltung eingerichtet, und ein Stab von 165 Wissenschaftlern erforscht das uralte Kulturland. Die große Ausplünderung beginnt: Was wäre der Louvre in Paris ohne die ägyptischen Schätze! – Aber kaum ist das alles in die Wege geleitet, da eilt er schon weiter nach Palästina mit dem Ziel – Konstantinopel. Als sich ihm in Akkon Widerstand entgegensetzt, enthüllt sich zum ersten Mal, welch unmenschlicher Grausamkeiten dieser General fähig ist. Die Gefangenen, die er nicht mitnehmen kann (und das sind Tausende!), werden niedergemetzelt. Der Rückmarsch durch den glühenden Wüstensand muß entsetzlich gewesen sein. Indes ist Napoleon schon wieder in Kairo, übergibt dort von sich aus den Oberbefehl an Marschall Kléber. Sein Dämon sagt ihm, daß es an der Zeit ist, nach Paris zurückzukehren. So verläßt er die Soldaten (wie oft soll das noch sein!) und erscheint bescheiden, aber unübersehbar auf dem politischen Schachbrett.

Man fragt sich: Wann hat dieser Wahn seiner Größe

eigentlich begonnen? Sein Leben fing doch schier lautlos an.

Zunächst zeigte dieser Korse von italienischem Geblüt nicht die geringste Neigung, sein Schicksal mit Frankreich zu verbinden, auch wenn er seine Ausbildung in Autun und späterhin auf der Militärschule in Brienne erhielt. Aber er denkt und fühlt ganz als Korse, für den Frankreich die leidige Besatzungsmacht ist. Stark ist er eingebunden in den Familiengeist der Buonaparte. Immer neue Urlaube werden erschmuggelt, nur um auf der geliebten Insel sein zu können. Was geht ihn die Französische Revolution an! Es ist ja nicht die seine!

Man denke: 1789 (der Korse ist 21 Jahre alt), Frankreich wird durchrüttelt von den Geburtswehen einer neuen Menschheitsepoche, und das Beben ergreift auch die anderen Völker – dieser Jüngling jedoch studiert Plutarch und schließt sich einem Volksaufstand Korsikas gegen Frankreich an! Schließlich wird seine Familie geächtet und muß die Heimat verlassen. Notgedrungen tritt er 1792 als Hauptmann wieder in die französische Armee ein.

Aber das alles zeigt den Stempel der Banalität, durchaus am Rande des Zeitgeschehens.

Die Verteidigung des aufständischen Toulon, das die Engländer gegen den Konvent zu Hilfe gerufen hatte, zeigt zum ersten Mal das taktische Genie dieses kleinen Hauptmanns, so daß man ihm, mit dem Generalstitel ausgezeichnet, den Oberbefehl im italienischen Feldzug übergibt.

Und da geschah es. Es war der 10.Mai 1796 in der Schlacht gegen die Österreicher an der Brücke von Lodi. Unter Einsatz seines Lebens stürmte er inmitten seiner Soldaten die Front. Da fühlte er erstmals, fast 27jährig, daß ihn das Schicksal zu Großem ausersehen hatte. »Ich sah die Welt unter mir dahinfliehen, als würde ich von den Lüften fortgetragen.«

Nun strafft sich das Segel seines Lebensschiffes. Aber von welchem Wind getrieben? Jetzt kommt Zielstrebigkeit in die zuwartende Unverbindlichkeit seiner Entschlüsse. Auf einmal hat man keine Zeit mehr zu vergeuden. »Ich möchte die Armee in Italien nur verlassen, wenn ich in Frankreich eine ähnliche Rolle spiele wie hier, dieser Augenblick ist noch nicht gekommen.« Erst nach dem Diktat des Friedens von Campo Formio, nach 21 Monaten kehrt er nach Paris zurück. Im Gewitter der Schlachten ist aus dem kleinen General der Held der Nation geworden.

Ungeheuer ist die Arbeitsleistung dieses Mannes. Der Tag hat 18 Stunden. Er informiert sich, diktiert, befiehlt, organisiert, und das in einem Tempo, daß sich der Sekretär nach pausenlos auf ihn niederprasselndem Diktat im Vorzimmer erstmal auf den Boden legen muß. Er umgibt sich mit Künstlern, regelt die Finanzen, kurzum – weiß alles. Wer kann diesem rasanten Aufstieg folgen? Heute ist er Konsul – morgen schon Kaiser. Kaiser? Nein, Cäsar, der sich selbst krönt. »Ich habe mich zum Kaiser gemacht, weil ich mich fähig fühlte, gut zu regieren, große Dinge zu vollbringen.«

Wie das wuchert und wuchert und alles mit dem Bannstrahl seiner Magie lähmt!

Plötzlich jedoch wird ihm die Einsamkeit seiner schwindelnden Höhe bewußt, und er wirft nach allen Seiten Anker aus, indem er Herzogtümer und Königreiche an seine Verwandten verteilt. Aber nicht etwa aus Menschenliebe! Diese Qualität gibt es nicht für ihn. »Gott hat diesen Menschen ohne Liebe und Mitleid erschaffen« (Chateaubriand). Menschen sind Dinge, die man mit grenzenloser Verachtung reglementiert. »Ich habe ein ehernes Herz.« Hat er jemals geliebt? Vielleicht daß er für Joséphine de Beauharnais anfänglich menschliche Leidenschaft empfunden hat. Aber sie bringt ihm keinen Erben. Und schließlich 1809 kann er sie nicht schnell genug loswerden, um die Erzherzogin Marie-Louise von Österreich zu heiraten. Nun ist er verschwägert mit den königlichen Häuptern – einer der ihren! Sind da doch Löcher in dem Schaumgebläse seines Machtrausches, durch die es eisig hereinzieht?

Aber zunächst kann man das schnell verwischen durch dieses Versicherungssystem – und vor allem durch Siege, Siege, wie sie die französischen Soldaten noch nicht erlebten. Die Sonne von Austerlitz scheint auf den französischen Machtkeil, wie er sich tief in das österreichische Kaiserreich hereinschiebt. In der Schlacht bei Jena und Auerstedt setzt er den Fuß auf preußisches Gebiet. Schließlich muß in Tilsit Zar Alexander von Rußland die preußischen Eroberungen anerkennen. Dieses Genie der Schlachten versetzt das Militär in einen einzigen Siegestaumel. Sein Sohn, gleich bei der Geburt zum König von Rom ernannt, wird geboren. Es gibt keine Grenzen der Macht. Tritt ihm jemand entgegen, so werden Wutanfälle gespielt, wobei das Zerbrechen des Geschirrs sorgfältig inszeniert ist!

Zwischen den Schlachten fährt er im eigens für ihn gebauten Reisewagen durchs Land. Nicht etwa zur Kurzweil, o nein, zur konzentrierten Arbeit. Was nicht mehr gebraucht wird, fliegt kurzerhand zum Fenster hinaus: Zeitungen, Akten, Brathühnerknochen, ja sogar Bücher, die er nicht mehr braucht. Er liest ständig nach Plan!

Dann naht das Jahr 1812. Der Feldzug nach Rußland – pah, das ist in wenigen Monaten erledigt. Hinter Moskau kommt China! Da jedoch stößt das Maßlose an Grenzen. Die Ratio begegnet dem Irrationalen, Unberechenbaren. Es gibt kaum Schlachten, der Gegner weicht zurück, lockt ins Land der verbrannten Erde. Und die endlosen Weiten des Ostens zerdehnen das Heer, zersetzen den Mut der Soldaten mit dem Befall des Mißtrauens und Zweifels.

Wie sieht die erste Station auf diesem Marsch in das Land seiner Willensträume aus? Gewiß, er erreicht Moskau, zieht ein in den Kreml, ringsum jedoch brennt die verlassene Stadt. Wie eine Waberlohe umzingelt sie das »marmorne Herz«, den eiskalten Verstand.

Es ist grotesk: Inmitten dieser beklemmenden Situation entwirft er Pläne für eine Neubelebung der Comédie Française in Paris.

Nach einem Monat endlich, Ende Oktober 1812, entschließt er sich zum Rückzug. »La grande Armée«, der

Ruhm Frankreichs, wird aufgerieben von dem grimmigen Feind des russischen Winters. Teilt der Kaiser das Elend seiner Soldaten? Wie kann er, Unruhen in Paris erfordern scheinbar dringend seine Gegenwart und rechtfertigen so die einsame Flucht.

Ein anderer ist es, Marschall Ney, der Treueste der Treuen, der im unaussprechlichen Elend des eisigen Frostes, und während die Kugeln der nachsetzenden Verfolger die Eisdecke der Beresina aufbrechen, bei den Verzweifelten aushält. Schließlich ist auch er keines Wortes mehr fähig – jedoch er geht und geht, und sein unerschütterliches Dasein ist Halt und letzte Hoffnung vieler. »Mit dem Gesicht zum Feind, die geladene Waffe in der Hand, ging er am 14. Dezember 1812 bei Einbruch der Nacht als letzter Soldat der großen Armee über den Njemen und verließ Rußland« (Sieburg). Damals wurde nicht nur eine Armee aufgerieben – den Traumburgen der Macht wurde der Boden entzogen. Die Eingrenzung des Karzinoms begann, und dies war endgültig. Ob es Napoleon bemerkt?

Der Flug seiner Gedanken hat schon die nächsten erdumspannenden Projekte erhascht. Neue Truppenaushebungen sollen sie verwirklichen. Aber das Volk will nicht mehr. Die Versprechungen locken nicht mehr. Die überrannten Völker dulden nicht mehr. Das Glück wendet sich ab. Im April 1814 ist es vorbei. Napoleon unterzeichnet die Abdankungsurkunde. Ein Selbstmordversuch mißlingt. Im Mai landet er auf Elba, wo alsbald eine intensive Arbeit zum Aufbau eines kleinen Inselstaates beginnt.

Ist es wirklich vorbei? Es ist noch kein ganzes Jahr vergangen, da kehrt der Kaiser zurück. Kann ein Mann, der nicht an das Schicksal glaubt, anders handeln? (»Was will man noch mit dem Schicksal«, so hatte er einst zu Goethe gesagt, »die Politik ist das Schicksal!«)

So wird Jubel und Trubel des Wiener Kongresses gesprengt von der Nachricht »der Invasion eines einzelnen Mannes« (Chateaubriand).

Noch einmal hebt die Woge der Gloire den Cäsar empor. Ohne einen Schuß abzufeuern, will er Paris erreichen – und das Unglaubliche geschieht. Wieder gelingt die Bezauberung, die seine Person auszustrahlen vermag. Wie genau er den Ton zu treffen weiß, auf den die Herzen der französischen Soldaten ansprechen. »Der Sieg wird im Laufschritt marschieren.« Wer kann da widerstehen? In Grenoble stellt sich ihm erstmalig die Armee unter militärischem Befehl entgegen. Und nun ereignet sich das Mirakel. Mit einer Handvoll Soldaten steht Napoleon den wohlgeordneten Regimentern aus den Garnisonen von Grenoble gegenüber. Der sie befehligt ist ein erfahrener Marschall. Wie soll das ausgehen? Diese Schlacht wird nicht auf der Ebene der physischen Berechenbarkeit, des militärischen Kalküls geschlagen. Um das, was jetzt geschieht, schildern zu können, müßte man im Stil der Saga fortfahren, so sehr mischt sich ein irrationales Element hinein.

Als das in Schlachtordnung formierte Regiment vor den Augen des Kaisers sichtbar wird, hält er an, lange, und sieht erst mit dem bloßen Auge, dann durch das Fernrohr auf die Gesichter der Soldaten. Es ist, als ob er jedes einzelne kenne. Dann steigt er vom Pferd und geht, er allein, die Hände auf dem Rücken, auf das Bataillon zu. Die Reihe der Soldaten steht unbeweglich, wie erstarrt. Vergebens feuert der Major sie zum Angriff an. Keiner rührt sich. Schritt für Schritt geht Napoleon auf sie zu. Ist es Furcht oder Faszination, was diese gespenstische Lähmung bewirkt?

Dicht vor ihnen hält er an. Klar und ruhig klingt seine Stimme. »Soldaten des 5. Regimentes, ich bin euer Kaiser. Erkennt ihr mich?« Lächelnd schlägt er seinen aufgeknöpften Mantel zurück. »Wenn unter euch ein Soldat ist, der seinen Kaiser töten will – hier bin ich.« Da schlägt die atemlose Stille in den brausenden Jubelschrei um: »Es lebe der Kaiser.«

Am 1. März 1815 ist Napoleon bei Cannes gelandet. Am 20. März zieht er in Paris ein – ohne daß ein Schuß gefallen wäre.

Die Menge jubelt, die Befehlshaber sind unsicher. Die gekrönten Häupter in Wien sprechen die Ächtung aus. Der Kaiser ist vogelfrei.

Diese Rückkehr war wahrhaft glorios. Und dennoch – es ist nicht der alte Kaiser. Nicht nur, daß er bleich, aufgeschwemmt und krank erscheint – was ist das für eine leise Müdigkeit, die das Willensfeuer hin und wieder dämpft?

Immer hatte sich der Kaiser vor dem Mob, der Menge bis zum physischen Ekel zurückgehalten. Jetzt aber braucht er die Masse, die Bourgeoisie, er muß Frieden versprechen, Rechte zusichern. Das ist seinem Wesen nicht gemäß. Zähneknirschend schwört er auf die Verfassung, zeigt eine volksfreundliche demokratische Maske, hinter der sich grimme Verachtung verbirgt. Er steht nicht mehr im Einklang mit sich, das nagt am Kern seiner Magie. Als er nicht mehr befehlen darf, wie er will, aus eigener Machtvollkommenheit heraus, ist er nicht mehr er selbst. Nur im Krieg ist sein Dämon produktiv. Und dieser Dämon hatte Format. Auch ihm war, ähnlich den Kometen im Weltall, eine Aufgabe zuerteilt: als reinigende Zuchtrute zu wirken.

Nun, der Krieg wird kommen, sein letzter. Der Schlachtplan ist genial wie immer. Aus 70000 Soldatenkehlen schmettert ihm bei der Parade der Jubelschrei der Soldaten entgegen: »Vive l'Empereur.« Etwas von der alten sieggewohnten Gewißheit blitzt in seinen Worten auf: »Heute abend treffen wir uns in Brüssel!« Aber da ist etwas in der Kriegsmaschinerie, was die Berechnungen stört. Ist er nicht mehr im Bunde mit dem Kriegsgott? Einer gehorcht zu viel, Grouchy, einer zu wenig, Ney. Da mischt sich Eigenwille hinein. Zieht sich sein Dämon von ihm zurück und entfesselt nun einen nie dagewesenen Sturm der Elemente? Das ist kein Regen mehr an diesem 17. Juni, das sind Wassergüsse, von Blitzen durchzuckte Sturmfluten. Das ist Finsternis, keine Erde mehr, das sind glitschige Lehmbäche. Wie sollen Kriegsmaschinen und Kavallerie sich darin halten? Da kämpfen nicht nur Menschen – da kämpfen die Geister der Elemente. Doch dieses Ungewitter durchleben die Alliierten ja auch! Die äußere Schlacht scheint nur ein Abbild der Schlacht der Elemente.

In keinem Kampf hat das Irrationale eine solche Rolle gespielt wie in dieser Schlacht bei Waterloo. Das Gesetz des Handelns, diesmal haben die Alliierten es in der Hand, deren Führer, wie z.B. Wellington und Gneisenau, in der Präsenz und Aktivität ihres Ich den Acker für die Inspiration richtiger Entschlüsse bilden. Auf der anderen Seite: Der Funke springt nicht mehr über von dem mit sich selbst zerfallenen Dämon. Die absolute Menschenverachtung, jetzt rächt sie sich, denn sie hat den Nährboden, auf dem Moralität und Handlungen aus dem Ich erwachsen können, zersetzt. »Eine Weltenstunde lang dienten alle menschlichen Existenzen nur dazu, den Schemel für die Größe dieses Mannes abzugeben. Die meisten taten es gern und fühlten dabei ihr eigenes Leben ausgeweitet und ins Sagenhafte erhoben. Aber der menschliche Kern nahm Schaden, und das Unsterbliche in der Menschenseele rächte sich. So muß der großartige Satz verstanden werden, mit dem Chateaubriand erklärt, warum Napoleon unterliegen mußte: ›Eine große Lehre! Sie soll uns immer wieder daran erinnern, daß alles, was die Menschenwürde beschädigt, den Todeskeim in sich trägt‹« (Sieburg).

Und bei den Alliierten? Viele der Soldaten tragen Fichtes »Reden an die deutsche Nation« im Tornister. Sie kämpfen nicht für den Ruhm, sondern für die Rettung der Menschenwürde. Da sind die Iche, die die Krebsgeschwulst der Macht zerstrahlen. »Ich bin an den deutschen Professoren gescheitert« (Memorial).

»Man muß die Staats- und Gesellschaftskunde um den Begriff des Dämonischen als einer empirischen Größe erweitern« (Kükelhaus).

Diesmal ist die Niederlage endgültig.

Seltsam, im Augenblick der Abdankung jubeln ihm die Arbeiter, das Volk aus Paris zu. Aber damit kann und will ein Cäsar nicht paktieren. Aufbruch in ein neues Land, Entdeckungsreisen in Amerika schweben diesem rastlosen Geist vor. Zu spät.

Sechs Jahre sind ihm noch in der Isolation von St. Helena beschieden, Zeit, den »Roman seines Lebens« zu diktieren. Während ein Sturm über das Eiland fegt, gibt dieser rätselhafte Mensch den Geist auf. Ernst Moritz Arndt: »Man darf den Fürchterlichen so leicht nicht richten, als es die meisten tun in Haß und Liebe. Die Natur, die ihn geschaffen hat, die ihn so schrecklich wirken läßt, muß eine Arbeit mit ihm vorhaben, die kein anderer so tun kann. Er trägt das Gepräge eines außerordentlichen Menschen, eines erhabenen Ungeheuers, das noch ungeheurer scheint, weil es über und unter Menschen herrscht und wirkt, welchen es nicht angehört. Bewunderung und Furcht zeugt der Vulkan und das Donnerwetter und jede seltene Naturkraft, und sie kann man auch Bonaparten nicht versagen.«

Das Zeitenschicksal – hier der Befall mit dem Karzinom der gewalttätigen Macht – hat im Einzelschicksal eine grandiose Steigerung der Ich-Kraft bewirkt.

JOHANN GOTTLIEB FICHTE

Ein Priester der Wahrheit

Was sind Ideale? Weltferne Träume, Lieblingsvorstellungen, die man sonntags spazierentragen kann, höchst private Ideen also, die jedoch für den Ablauf der Welt bedeutungslos sind? Oder aber sind sie Maximen der Existenz,
aus denen die Sinngebung unseres Lebens erfließt, die geistigen Zielsetzungen, an deren Verwirklichung wir die
volle Kraft und Arbeit unserer Persönlichkeit zu setzen
haben? Wohl wissend, daß wir die Bedeutung eines Ideals
niemals am Erfolg oder Mißerfolg ablesen können, der
ihnen beschieden ist, wir also von vornherein, uns einordnend in das Menschheitsganze, mit langen Zeiträumen zu
rechnen haben. Es verlohnt, Geschichtsepochen miteinander zu vergleichen. Man wird unschwer erkennen, wie die
Gedankenart eines Jahrhunderts zur Tatwelt im nächsten
wird.

Fichte – ein weltfremder Idealist? Als Napoleon in der
Verbannung auf St. Helena das Fazit seines Lebens zog, da
bekannte er, keine militärische, keine politische Macht
habe ihn gestürzt. Letztlich zu Fall gebracht hätten ihn die
deutschen Ideologen! – Eine Erkenntnis, die man nicht
vergessen sollte.

»Denn obgleich in allen Zeitaltern die Anzahl derjenigen, welche fähig waren, sich zu Ideen zu erheben, die kleinere war, so ist doch aus Gründen, die ich hier recht wohl verschweigen kann, diese Anzahl nie kleiner gewesen, als eben jetzo.... Daß Ideale in der wirklichen Welt sich nicht darstellen lassen, wissen wir anderen vielleicht so gut als sie, vielleicht besser. Wir behaupten nur, daß nach ihnen die Wirklichkeit beurteilt, und von denen, die dazu Kraft in sich fühlen, modifiziert werden müsse. Gesetzt, sie könnten auch davon sich nicht überzeugen, so verlieren sie dabei, nachdem sie einmal sind, was sie sind, sehr wenig; und die Menschheit verliert nichts dabei. Es wird dadurch bloß das klar, daß nur auf sie nicht im Plane der Veredelung der Menschheit gerechnet ist. Diese wird ihren Weg ohne Zweifel fortsetzen; über jene wolle die gütige Natur walten, und ihnen zu rechter Zeit Regen und Sonnenschein, zuträgliche Nahrung und ungestörten Umlauf der Säfte, und dabei – kluge Gedanken verleihen!« (Bestimmung des Gelehrten).

Für den Menschen, der sich anschickt, seinen Standort im Leben zu finden, zeichnen sich deutlich zwei Gefahren ab, die man nicht fürchten, aber durchschauen muß: daß der Strudel der rastlosen Tätigkeit ihn verschlingt oder daß er sich von diesem Wirrsal zurückzieht in die rein kontemplative Ablösung von der Verstrickung in die Materie.

In Johann Gottlieb Fichte schauen wir einen Menschen an, der diese verhängnisvollen Einseitigkeiten zu bannen wußte, weil er sich dazu erzog, ein aus der Erkenntnis, aus dem Geiste handelnder Mensch zu werden. Jede Idee wurde ihm, wenn er sie als wahr erkannt hatte, zum Ideal, das er durch die Kraft seines moralischen Willens seinem Lebenslauf einprägte.

Eine Frage, die jeden Menschen, der nicht in den Tag hineinlebt, beschäftigen muß, bewegte auch Fichte. Wo ist Gewißheit in der Welt? Eine Wirklichkeit, die Bestand hat in allem Vergänglichen? Etwas, was dem Sog der Wesenlosigkeit nicht verfällt? Das in allen Feuerbränden besteht wie Asbest? Das von keiner Enttäuschung angefressen werden kann? Diese Gewißheit erfuhr Fichte im Erlebnis seines Ich. Mag alles um uns brüchig und fraglich werden – des eigenen Ich sind wir sicher.

Auf dieses Erlebnis seines im Geiste gegründeten unsterblichen Ich baute er seine Existenz. Es war der Mittelpunkt seiner Philosophie und die sittliche Ausstrahlungskraft seiner Persönlichkeit. Diese Erfahrung von der Unzerstörbarkeit seines höheren Ich wurde zugleich die Grundlage seiner Frömmigkeit, die in der Erkenntnis des Christus-Ich im Johannes-Evangelium ihre tiefste Bestätigung fand, des Christus, der seine Jünger aufrichtet mit den Worten: Fürchtet euch nicht: Ich Bin. »... Darin besteht die Religion, daß man, in seiner eigenen Person, und nicht in einer fremden, mit seinem eigenen geistigen Auge, und nicht durch ein fremdes, Gott unmittelbar anschaue, habe und besitze« (Anweisung zum seligen Leben, 2. Vorlesung).

Er, der sich als Priester der Wahrheit erlebte, dem das Denken Gottesdienst war, konnte wohl sagen: »Die höchsten Wahrheiten empfängt man nicht – sondern erschafft sie.« Wie sollte sich dieser Mensch nicht im Einklang fühlen mit dem Geist des Johannes-Evangeliums, das solche Verheißungen enthält wie diese: »Ihr sollt die Wahrheit erkennen, und die Wahrheit wird euch frei machen« (Joh. 8, 32).

Der Wille, der sein ganzes Sein durchfeuerte, hatte die Schaffung eines neuen Menschen zum Ziel. Nicht mehr und nicht weniger. So war sein Hauptanliegen keineswegs Philosophie, vielmehr Charakterbildung; die dem Gedanken innewohnende Kraft und Erleuchtung sollte Taten zeitigen. – Was sich nur selten im Leben ereignet – daß Lehre und Charakter eins sind, jede Epoche im Schicksal Fichtes macht es anschaubar.

Man wird seine Philosophie schwerlich verstehen, wenn man sich nicht zuvor mit dem Menschen beschäftigt hat. Wie sich die schonungslose Unbedingtheit seines Wesens bereits im siebenjährigen Knaben ausdrückt, der weinend mit aller Kraft das geliebte Buch »Der gehörnte Siegfried« in den Bach schleudert! Die Heldenbilder dieser Sage hatten seine Seele so hingenommen, daß er darüber seine Pflichten vergaß, also mußte es geopfert werden, auch wenn es ihm zu dem schmerzlichen Verlust hinzu den Zorn des Vaters eintrug.

Aber auch das andere ist wichtig: Wie das Kind auf der Weide bei den Schafen steht, traumverloren in die Weite schauend, Stunde um Stunde, kaum daß es die Schritte des Schäfers hört, der es heimholt.

Und schließlich die bekannte Szene, im Jahre 1771, als man den neunjährigen Bandweberssohn im blauen Bauernkittel am Sonntagmittag ruft, damit er dem Freiherrn von Miltitz die Predigt wortwörtlich und mit Empfindung wiederhole, die der Pfarrer von Rammenau am Morgen in der Kirche gehalten hatte. Das war eine Schicksalsstunde. Denn miteins wurde dem Freiherrn klar: Dieses Kind mußte aus den ärmlichen Verhältnissen herausgeholt und gefördert werden. Keinem wurde der Entschluß leicht, weder den Eltern und Geschwistern noch Gottlieb selbst, der es dann in dem vornehmen Gutshaus auch nicht lange aushielt und erst in der Obhut eines gütigen klugen Pfarrers das Heimweh überwand und die geistige Nahrung aufnahm, die seine träumende Ich-Seele gerade jetzt brauchte.

Schulpforta – der Name dieser berühmten Erziehungsschule bei Naumburg hatte den Glanz der Auszeichnung, aber zugleich auch die herbe Strenge unerbittlicher Disziplin. Der Genius leitet den Dreizehnjährigen gut! Denn in der nun anhebenden Epoche galt es vor allem den Willen zu schulen, die Wissensbereicherung war selbstverständlich. Gab es je geeignetere Probiersteine für die Stählung des Willens als Widerstände? Und deren waren genug in Schulpforta! Das ganz auf offenes Vertrauen veranlagte Gemüt konnte sich nicht in die boshafte Schläue seines »Obergesellen« schicken, der mit ihm das Zimmer

JOHANN GOTTLIEB FICHTE

1762-1814

teilte und ihn kurzerhand als seinen Stiefelputzer traktierte. Die Empörung rief zugleich einen unbändigen Freiheitsdrang hervor, so daß er beschloß, das Weite zu suchen. Was war es, was ihn plötzlich im vollen Lauf innehalten ließ? »Du darfst nichts Wichtiges im Leben beginnen, ohne vorher gebetet zu haben.« So hattes es ihn der geliebte Pfarrer gelehrt, und so hatte es sich ihm für das ganze Leben ins Gemüt geschrieben. Er kniete am Wegrand nieder und sprach das Vaterunser. Plötzlich war das Gesicht der Eltern, der Mutter vor seinem inneren Auge, ihre Tränen bei der Nachricht seines Verschwindens. Nein, das wollte er nicht, also kehrte er um. – Auch das ist Fichte!

Im Herbst 1780, im vollendeten 18.Lebensjahr, bezieht er die Universität Jena, um Theologie zu studieren. Das war die einzige Möglichkeit zum Studium für jemanden, der gänzlich mittellos war. Die generöse Hilfe des Freiherrn von Miltitz hatte ihn wohl auf den Weg bringen können, aber weiter nicht. Jetzt galt das Gesetz: Hilf dir selbst, dann hilft dir Gott! Und es ist kein schlechtes Gesetz.

»Ob der Mensch frei sein könne inmitten der notwendigen Causalverkettung aller übrigen Dinge«, um diese Kardinalfrage kreist das Denken des Theologiestudenten, der »bei einer schwankenden äußeren Lage seine seligsten Tage verlebt«. Aber es sollte schwieriger werden. Die Zeit, in der er sich wirklich philosophischen und theologischen Studien widmen konnte, wurde knapp. In Leipzig versuchte er sich mit Korrekturen und Stundengeben mühselig über Wasser zu halten. Sehr einsam, denn er schämte sich seiner Armut. Glücksstunden waren es, wenn er zu Hause in Rammenau sonntags auf der Kanzel stehen und mit heiliger Begeisterung predigen durfte. Aber nichts kam ihm von außen zu Hilfe, daß er seine Studien fortsetzen, daß er leben konnte. Ja, die Auslieferung an das absolute Nichts gehörte auch zur Führung! Denn als Fichte am Vorabend des 26. Geburtstages seine Lage überdachte, schien als einziger Ausweg nur noch der Freitod übrig zu bleiben. Niemand wollte ihn; die demütigsten Bittgesuche z. B. an den Consistorialpräsidenten von Sachsen, blieben ohne Antwort. Was sollte er noch auf der Erde? Man brauchte ihn nicht. Von solchen Gedanken umwölkt, betrat er sein Zimmer und fand einen Brief, der ihm die Aussicht auf eine Hauslehrerstelle in Zürich mitteilte. Ein Wink des Himmels! Außerhalb der Heimat um Hilfe nachzusuchen wäre dem redlichen Jüngling als Verrat erschienen. Nun öffnete sich ihm aus der äußersten Bedrängnis und Enge der Weg in die Weite, in die Zukunft.

Zürich! Der Name hatte den Klang der Freiheit, den Zauber der Weite! Wir brauchen gar nicht alle Stationen zu benennen, die er dort durchlief. Daß es mit der Hauslehrerstelle nicht so lange dauern sollte (immerhin anderthalb Jahre), fiel nicht so ins Gewicht. Welche Mutter läßt sich auch schon gern vom Lehrer ihres Kindes sagen, daß sie selbst das größte Hindernis bei der Erziehung ist! Dennoch – das Lebensschiff war wieder flott geworden. Auf der Kanzel des Zürcher Münsters zu stehen und von dort über das Johannes-Evangelium zu predigen, war schon etwas anderes als in der Dorfkirche zu Rammenau! Und endlich, er lernt Menschen kennen, findet Gesprächspartner. Die Zeitereignisse blitzen herein, vor allem die Flammenzeichen der Französischen Revolution! Lavater wird sein Freund, und der führt ihn ein in das Haus des Wagmeisters Rahn, eines Schwagers von Klopstock.

Nicht nur Freunde findet er, die seinen Horizont mächtig erweitern – er findet dort die Gefährtin seines Schicksals, Johanna Rahn, die sein Herz dauergründend mit dem Leben verbinden sollte, was auch immer für Prüfungen es noch bringen wird. Sich einander versprechen, ja, das ist gut; aber heiraten, ohne etwas im Leben geschafft zu haben, das läßt sein Stolz nicht zu. Es lag ihm weniger an Amt und Würden als daran, dem eigenen Namen ein Gewicht zu verleihen. So geht er denn eines Tages (im wahrsten Sinn des Wortes) nach Leipzig ab, zu Fuß! Denken und Gehen, das muß einen geheimen Zusammenhang haben. Doch wiederum schlagen alle Pläne fehl, wiederum wirft ihn das Schicksal auf sich selbst zurück. Da schreibt er an seine Braut das großartige Wort, das man sich zum Leitwort seines Lebens machen kann: »Da ich das Außer-mir nicht ändern kann, beschloß ich das In-mir zu ändern.« Das sieht in der Praxis so aus:

»Um 5 Uhr stehe ich auf, was mir anfangs, weil ich zeitlebens spät aufgestanden bin, sehr schwer ward; desto dringender suchte ich es von mir zu erzwingen, weil ich dadurch zugleich mich zur Selbstüberwindung zwingen wollte. Von da bis 11 Uhr (die halbe Stunde ausgenommen, die ich zum Ankleiden brauche) studire ich. Von 11 bis 12 Uhr gebe ich einem jungen Menschen eine griechische Stunde. Ich suchte sie mit Fleiß, um durch das ewige Denken für mich nicht die Gabe, andern etwas vorzutragen, zu vernachlässigen und nach der Arbeit des Kopfs auch der Lunge etwas zu thun zu geben. Von 12 bis 1 zu Tische, in einer erträglich artigen und unterhaltenden Gesellschaft. Von 1 bis 2 in einem der Stadt nahen Garten spazieren gegangen und meistens dabei nicht viel Ernsthaftes gedacht. Von 2 bis 3 etwas Leichtes gelesen oder Briefe geschrieben, wenn solche zu schreiben sind. Von 3 bis 4 gebe ich einem Studenten Privatunterricht über die Kant'sche Philosophie (dies war die Gelegenheit, die mich zum Studium derselben veranlaßte). Dies ist nun freilich von einer Seite eine kopfangreifende, von der andern aber eine Arbeit, die zum Deutlichmachen, also für die Einbildungskraft gehört und also zur Herstellung des Gleichgewichts unter den Seelenkräften beiträgt. Von 4 bis 6 Uhr wird bei jeder Witterung nicht spazieren gegangen, sondern gelaufen und der Einbildungskraft völlig freier Lauf gelassen: durch Felder, durch Wälder gestürmt – besonders wenn es sehr regnet oder windig ist. Von 6 Uhr bis zur Dämmerung wird wieder ein wenig studirt. Die Anwendung der ersten Dämmerung kennst Du schon. Sobald Licht kommt, wird ernsthaft fortstudirt, aber nicht länger als bis 10 Uhr. Urtheile selbst, ob eine solche Ordnung sehr gesundheitzerstörend ist. Auch befinde ich mich wirklich, was ich theils dem frühen Aufstehen, theils der ernsthaften Kopfarbeit zuschreibe, so wohl, daß ich vor Gesundheit jauchzen möchte, den ganzen Tag völlig bei guter Laune bin und an meinem ganzen Tage keine verdrießliche Minute kenne. Hierzu kommt aber noch eine Uebung, die die Gesundheit des Leibes und der Seele in gleichem Grade befördert. Ich suche nämlich völlig Herr über mich selbst zu werden und lege mir in dieser Absicht jetzt etwas auf, was ich nicht gern thue, versage mir jetzt etwas, was ich gern gehabt hätte, blos darum, weil ich es gern gehabt hätte, kündige jeder aufkeimenden Leidenschaft, sowie sie sich blicken läßt, den Krieg an, und so werde ich dann dieser Störer unserer Ruhe und unserer Gesundheit immermehr entledigt.«

Und wie es immer zu gehen pflegt, wenn der Mensch sein Inneres in Bewegung bringt: der Himmel antwortet sehr schnell. Was sich zunächst wie ein Zufall anließ, daß ein Student von ihm in die Kant'sche Philosophie eingeführt zu werden wünschte, war doch der entscheidende Anstoß, in der Auseinandersetzung mit dieser Philosophie die ureigene Denkart zu finden. Das Verhältnis zwischen der äußeren Sinneswelt und dem Inneren des Menschen denken zu können, für die seelischen Erlebnisse Begriffe zu finden, das ließ ihn eine neue Seligkeit erfahren. Die Wirkungen, die von dem Philosophen in Königsberg ausgingen, waren außerordentlich. So schreibt Jean Paul an einen Freund: »Kant ist kein Licht der Welt, sondern ein ganzes strahlendes Sonnensystem auf einmal.«

Fichte ist 28 Jahre alt. Im Innern gestützt auf die erste Niederschrift eigener Gedanken, wollte er im Frühjahr 1791 nun endlich heiraten. Da verlor sein Schwiegervater, kurz vor der schon festgesetzten Hochzeit, sein Vermögen, das allein das ungebundene, nur der Philosophie gewidmete Leben hätte ermöglichen können. Allmählich jedoch war Fichte schon darin geübt, hinter der verneinenden Gebärde des Geschicks eine andere Hand zu sehen, die sein Ich durch Zu-Mutungen und Fehlschläge erproben und festigen wollte. So war der erneute Aufbruch nicht ohne erwartungsvolle Gelassenheit. Nach Warschau »ging« es diesmal, wo ihm eine Hauslehrerstelle angeboten war. Vom 28.IV. bis 7.VI.1791 währte die Reise. Aber was beobachtete und erlebte er alles! Man muß den höchst interessanten und anschaulichen Reisebericht, den er seiner Braut gab, selber lesen.

Daß in Warschau seines Bleibens nicht lange war, nimmt uns nicht wunder, wenn wir hören, daß »Madame eine Frau der großen Welt ist« und ihr bei der Vorstellung bereits der »Mangel an Geschmeidigkeit und Biegsamkeit« nicht genehm ist! Fichte hat jedoch Warschau nicht verlassen, ohne dort einmal in der Kirche gepredigt zu haben. Die Wirkung war derartig, daß eine Hörerin ihrem Staunen so Ausdruck gab, »man habe einen gemeinen Fiedler erwartet und sah nun einen Virtuosen hervortreten«.

Das wichtigste Geschehnis auf dem Rückweg war der Besuch bei Kant in Königsberg. Wer schreibt auch schon innerhalb weniger Tage eine »Kritik aller Offenbarung« und schickt sie sozusagen als Empfehlung an den großen Philosophen!

Zwei Denker begegnen sich. Kant hatte im Ringen um ein einheitliches Weltverstehen in gewaltigem Wurf die ganze Natur in die Gesetze des menschlichen Geistes hineingezwungen. Ob ihr außerhalb desselben eine eigene Existenz innewohne, blieb dahingestellt. Der Mensch kann sagen: Ich weiß nur von meinen subjektiven Erfahrungen, z.B. eines Tisches. Ob dem Ding an sich ein objektives Sein innewohnt, ist nicht zu erkennen. – Die Ideen, die man in seinem Innern als absolute Wahrheiten vorfindet (und das waren für Kant immerhin noch: Gott, Freiheit und Unsterblichkeit!), gehören in den Bereich des Glaubens, der, wenn auch gleichwertig, so doch säuberlich getrennt vom Erkenntnisbereich, seine Gültigkeit besaß. Wenn auch für Kant später das Pflichtprinzip, »der kategorische Imperativ«, zur höchsten moralischen Forderung wurde, so hatte es doch in dem Erkenntnisgebäude dieses Denkers einen anderen Stellenwert.

Fichte hingegen, war viel zu sehr Willensmensch, als daß ihm nicht jeder Gedanke letztlich zur Tat umgeschmolzen werden müßte. »Was ich begreife, wird durch mein bloßes Begreifen zum Endlichen, und dieses läßt sich auch durch unendliche Steigerung nie ins Unendliche umwandeln. Du bist vom Unendlichen nicht dem Grade, sondern der Tat nach verschieden« (Bestimmung des Menschen).

Gleichviel – zwei Sterne am Geisthimmel Europas kreuzen die Bahn!

Als Fichte kurz darauf wieder ohne Geld dastand, wandte er sich schnell entschlossen in allem Freimut an Kant selbst mit der Bitte um Hilfe. Als Pfand – seine Ehre! »Wegen des Tons, der in diesem Briefe herrscht, darf ich Ew. Wohlgeboren nicht um Verzeihung bitten. Dies ist eben eine Auszeichnung des Weisen, daß man mit ihm redet, wie ein Mensch mit einem Menschen.« Diesen Satz muß man sich merken! Daß Kant ihm dennoch kein Geld leihen konnte, fiel nicht ins Gewicht, da ihm, wie schon einmal, im letzten Augenblick eine ihm zusagende Hauslehrerstelle vermittelt wurde.

Die entscheidende Wende seines bis dahin zögernden Geschicks wurde durch einen »Zufall« bewirkt. Die Drucklegung seiner »Kritik aller Offenbarung« stieß auf Widerstand bei der Zensur, da sie theologisch anfechtbar sei. Da ließ der Verleger sie flugs in Sachsen und anonym erscheinen. Die philosophisch interessierte Leserschaft, vor allem in Jena, war des Lobes voll, in der Annahme, daß – Kant der Verfasser sei. Die einmal so glänzend besprochene Schrift konnte ihre Bedeutung nicht mehr verlieren, auch als der wahre Verfasser bekannt wurde. – Nun endlich war der Name erworben und mit ihm auch die finanzielle Grundlage, die es ihm ermöglichte, nach Zürich zurückzukehren und die Ehe mit Johanna Rahn zu schließen.

Befreit vom Druck ihn einengender Verhältnisse, ist Fichte bei sich selbst angekommen mit 31 Jahren. Die Schicksalsumstände decken sich auf das beste mit dem inneren Glück, sich denkend seiner selbst bewußt geworden zu sein. Das Erlebnis seines Ich, wie es im göttlichen Ich urständet und sich in der Welt in freien Handlungen offenbart, das ist fortan der geistige Felsen, auf den sich seine Existenz gründet. Der Titel einer Schrift läßt uns einen Blick in die gehobene kühne Seelenverfassung jener Zeit weisen: »Zurückforderung der Denkfreiheit von den Fürsten Europas, die sie bisher unterdrückten. Heliopolis, im letzten Jahr der alten Finsternis 1792.« Welche Strahlkraft von seiner Persönlichkeit ausgeht, macht ein Spruch J. K. Lavaters deutlich:

»Denkzeile nach meinem Tode an Herrn Professor Fichte.
›Unerreichbarer Denker, Dein Dasein beweist mir das Dasein
Eines ewigen Geistes, dem hohe Geister entstrahlen:
Könntest je Du zweifeln, ich stellte Dich selbst vor Dich selbst nur,
Zeigte Dir in Dir selbst den Strahl ewigen Geistes.‹«

Nach dem langen Zuwarten scheint nun der Genius mit Macht das Lebensschiff voranzutreiben. Nach kurzer Zeit schon wird er als Philosophieprofessor nach Jena berufen. Jena – der Fürstensitz des Geistes, der damals (zusammen mit Weimar) Mitteleuropa zu einem Leuchtgestirn in der Welt machte.

Diese fünf Jahre in Jena darf man wohl als die Hoch-Zeit seines Lebens betrachten. Jetzt endlich durfte er Menschen lehren, an ihnen bilden durch das Wort. Und Fichte war ein gewaltiger Redner!

»Fichtes öffentlicher Vortrag fließt nicht so stetig und lieblich und sanft dahin wie der Reinhold'sche; er rauscht daher wie ein Gewitter, das sich seines Feuers in einzelnen Schlägen entladet. Er rührt nicht wie Reinhold, aber er erhebt die Seele. Jenem sah man es an, daß er gute Menschen machen wollte; dieser will große Menschen machen. Reinholds Blick war Sanftmut, und seine Gestalt war Majestät; Fichtes Auge ist strafend, und sein Gang ist trotzig. Reinholds Philosophie war eine ewige Polemik gegen Kantianer und Anti-Kantianer; Fichte will durch die seinige den Geist des Zeitalters leiten: er kennt dessen schwache Seite, darum faßt er ihn von seiten der Politik. Er besitzt mehr Witz, mehr Scharfsinn, mehr Tiefsinn, mehr Geist, kurz überhaupt mehr Geisteskraft als Reinhold. Seine Phantasie ist nicht blühend, aber energisch und mächtig. Seine Bilder sind nicht reizend, aber sie sind kühn und groß. Er dringt in die innersten Tiefen seines Gegenstandes ein und schaltet im Reiche der Begriffe mit einer Unbefangenheit umher, welche verrät, daß er in diesem unsichtbaren Lande nicht nur wohnt, sondern herrscht.«*

* Alle Zitate entnommen dem Werk Immanuel Hermann Fichtes: »Johann Gottlieb Fichtes Leben und literarischer Briefwechsel«, Leipzig 1862.

Der Andrang ist so kolossal, daß Fichte bereits nach vier Wochen im größten Auditorium liest und noch viele Hörer vor der Tür und auf den Bänken stehen. Und das morgens früh von 6 bis 7 Uhr!

Er wird an die herzogliche Tafel geladen, zu Schiller entstehen freundschaftliche Beziehungen, Goethe begegnet ihm mit Achtung und Wohlwollen und hatte ein Exemplar der »Wissenschaftslehre« mit folgender Widmung erhalten: »Ich betrachte Sie und habe Sie immer betrachtet als den Repräsentanten der reinsten Geistigkeit des Gefühls auf der gegenwärtig errungenen Stufe der Humanität. An Sie wendet mit Recht sich die Philosophie. *Ihr* Gefühl ist derselben Probierstein.«

Fichte darf sagen: »O, was bin ich für ein glücklicher Mensch!« Wenn es ihm doch gelänge, »die Denkweise des Zeitalters von Grund auf zu ändern«! Der Anfang dazu scheint gemacht. Die Studenten sind hingerissen von ihm; denn er vermag etwas von der königlichen Vollmacht seines freien, im Bewußtsein gefestigten Willens auf sie zu übertragen. Sie lernen nicht Wissen, sie lernen selbständig zu denken. Wie mächtig sein Wille den Gedankenstrom fortriß und schier zum Überfließen brachte, zeigt die Überschrift eines Aufsatzes: »Sonnenklarer Bericht an das größere Publikum über das eigentliche Wesen der neuesten Philosophie. Ein Versuch, die Leser zum Verstehen zu zwingen.«

Aber gerade dieses Element, daß er nicht nur Erkenntnisse vermitteln, sondern auf den Geist des Zeitalters einwirken möchte als Erzieher, muß Widersacher auf den

Plan rufen. Eine solche unbedingte Persönlichkeit kann man nur anerkennen oder sich an ihr ärgern. Das Ärgernis sollte bald eintreten. Es beginnt damit, daß man von seiten der Kirche seine moralischen Sonntagsvorlesungen keineswegs schätzt. Der große Philosoph, der sich als Priester der Wahrheit fühlte, war in gewisser Beziehung auch von einer kindlich naiven Unschuld. Weit schwerer fiel ins Gewicht, daß er in das von ihm herausgegebene »Philosophische Journal« einen Aufsatz von Forberg aufnahm, der in den Augen der Rechtgläubigen atheistische Ansichten enthielt, auch wenn Fichte in einem eigenen Aufsatz dieselben zu mildern suchte. Gedankenfreiheit geht ihm über alles. Aber die herkömmliche Denkungsart ist solchen Freimut nicht gewohnt. Fichte hört, daß ihm ein öffentlicher Verweis droht. Das aber erträgt die stolze Unabhängigkeit seines Charakters nicht. In einem heftigen privaten Brief an einen Minister droht er mit sofortigem Rücktritt, falls er gemaßregelt werden sollte. Und das schier Unglaubliche geschieht, daß man den nur angedrohten Rücktritt sofort offiziell annimmt und ihm seine Demission erteilt. Damit wurde er nach fünf Jahren aus einer Existenz herausgeworfen, die »er auf dem weiten Erdenrunde nicht wiederfinden« sollte. Allerdings hat Goethe, der diese Worte aussprach, nichts dazu getan, um ihn zu halten. Fichte ist 37 Jahre alt, als er diesen jähen Sturz erleben muß.

Es mutet uns heute grotesk an, daß eine so durch und durch religiöse Persönlichkeit, wie es Johann Gottlieb Fichte war, des Atheismus verdächtigt wurde. Aber die

Gründe sind meistens nebensächlich, wenn der Schicksalsgenius einen Menschen wiederum eine neue Stufe erklimmen lassen will. Gerade Fichtes Biographie macht deutlich, daß diese Stufe keineswegs im Bereich des Erfolges liegen muß, daß sich vielmehr die inneren Schatzkammern des Verzichts und der Versagungen öffnen wollen. Ahnt Fichte bei allem Schmerz etwas davon? »Dann möchte ich wissen, wo denn nun das große Unglück steckt, das uns betroffen haben soll? Die alberne Denkart, die da glaubt nur auf der Scholle, auf der sie sitzt, glücklich sein zu können. Theilst Du auch diese? Du solltest doch bedenken, daß es nichts Zufälligeres und Unwesentlicheres gibt als den Wechsel äußerer Verhältnisse.«

Die nächste Station heißt Berlin. Der König von Preußen ist großzügig genug, ihn aufzunehmen. »Ist es wahr, daß er mit dem lieben Gott in Feindseligkeit begriffen ist, so mag das der liebe Gott mit ihm abmachen, mir tut das nichts.«

Wieder zeigt es sich, welch ein Meister Fichte ist, Widrigkeiten, ja Abstürze in innere Fortschritte umzuwandeln. Zunächst bietet sich dem kühnsten und wohl auch wortgewaltigsten Redner seiner Zeit keine Möglichkeit mehr, zu lehren, unmittelbar zu den Menschen zu sprechen. So muß, notgedrungen, die Feder das Wort ersetzen. Es ist seltsam, daß letztlich die Anklage des Atheismus tiefere Einsichten in die Religion bewirkte. »Ich habe bei der Ausarbeitung meiner gegenwärtigen Schrift einen tiefern Blick in die Religion gethan als noch je. Bei mir geht die

Bewegung des Herzens nur aus vollkommener Klarheit hervor; es konnte nicht fehlen, daß die errungene Klarheit zugleich mein Herz ergriff.

Glaube mir, daß diese Stimmung an meiner unerschütterlichen Freudigkeit und an der Milde, womit ich die Ungerechtigkeiten meiner Gegner ansehe, großen Antheil hat. Ich glaube nicht, daß ich ohne diesen fatalen Streit und ohne die bösen Folgen desselben, jemals zu dieser klaren Einsicht und zu dieser Herzensstimmung gekommen wäre; und so hätten ja die mir zugefügten Gewaltthätigkeiten schon jetzt eine Folge, die weder Du noch ich wegwünschen werden.«

»Die Bestimmung des Menschen«, an der Fichte jetzt arbeitet und die das Augenmerk nun auf den Bereich der moralischen Tathandlungen lenkt, zeigt, wie die erschütternden Ereignisse ihn an eine Schwelle des Stirb und Werde herangeführt haben. So schenken sich ihm die wunderbarsten Erleuchtungen über das Leben nach dem Tod, das aber bereits in die hiesige Existenz einstrahlt.

Wir müssen uns die Wirksamkeit Fichtes in Berlin, gemessen an der Jenenser Weite, sehr eingeschränkt denken. Man nahm ihn nicht in die Akademie der Wissenschaften auf. Gern hätte er eine eigene philosophische Schule gegründet. Auch dazu kam es nicht. Aber er hielt Privatvorlesungen, die allerdings von einer erlesenen Gesellschaft besucht wurden: Gelehrten, Künstlern, Staatsmännern und Ministern. Er hatte nicht das geringste von seiner geistigen Schlagkraft eingebüßt; aber sie scheint vertiefter in den göttlichen Bereich. Die Vorlesungen über das Johannes-Evangelium standen kurz und bündig unter dem Titel: »Anweisung zum seligen Leben.«

Beim Kriegsausbruch 1806 ist sein erster Gedanke, als Redner mit in den Krieg zu ziehen. Wie – das Wort sei keine Waffe? Schwert und Blitz will er reden. Es kommt nicht dazu. So schließt er sich dem flüchtenden König an und geht für eine Zeit nach Königsberg. Aus dieser Epoche stammt der Satz: »Der Menschen bedarf ich nicht und suche sie nicht; aber man darf die Menschheit nie aufgeben.«

Über Kopenhagen nach Berlin zurückgekehrt, ist sein ganzes Sinnen und Trachten darauf gerichtet, am geistigen Wiederaufbau des Staates mitzuhelfen. So kommt es in den Wintermonaten 1807–1808 im Akademiegebäude in Berlin zu den »Reden an die deutsche Nation«.

Was tat es, daß die Zahl der Menschen, die sich da in diesem Winter sonntagmittags in der Akademie versammelten, im Verhältnis klein genannt werden muß – sie gaben dem Helden des Geistes die Möglichkeit, über sie hinaus zur deutschen Nation zu sprechen, oder soll man sagen: zum deutschen Volksgeist? Man darf diese Reden, auch wenn man das Zeitgebundene wegläßt, wohl als das klassische Dokument einer idealistischen Geschichtsphilosophie der Deutschen betrachten. Selbst wenn die schärfsten Urteile über Napoleon darin enthalten sind, darf man sie nicht politisch bewerten. Geht es Fichte doch immer darum, in die Sphäre der geistigen Verursachungen einzudringen für das, was sich auf dem Felde der politischen Handlungen äußert. Bei der schillernden Vielfalt der Urteile über Napoleon ist es bemerkenswert, wie der Blick Fichtes ihn von Anfang an als »Zuchtrute Gottes« durchschaut.

Wie ein mächtiger geistiger Kontrahent wirkt dieser Geistesheros aus der Mitte seines Ich gegenüber Napoleon, der wie aus dem Umkreis des Mars hereinfährt.

Man stelle sich vor: im Publikum verstreut, saßen die Spitzel, und auf den Straßen trommelten französische Soldaten, zahllose Menschen wurden verhaftet – ihn schützte sein unerhörter Mut.

Danach wurde Fichte – das erste Mal in seinem Leben – schwer krank. Es war ein monatelanger Kampf, von dem er sich nie wieder ganz erholt hat. Aber auch diese Zeit ist fruchtbar. Er lernt Italienisch, Spanisch, Portugiesisch und übersetzt den ersten Gesang von Dantes »Göttlicher Komödie«. Sein Sohn Immanuel Hermann schildert die Innigkeit des Familienlebens, deren geistiger Mittelpunkt die täglichen Morgen- und Abendandachten bildeten.

Wieder genesen, beteiligte er sich mit feurigem Elan an der Planung der Berliner Universitätsgründung. Nur daß sein Plan der Menschenbildung so neu und umfassend war, daß er sich nicht verwirklichen ließ! Man wählte ihn aber zum Rektor der Universität; doch das konnte nur ein halbes Jahr gutgehen. Die absolut kompromißlose Unbiegsamkeit seines Wesens war für andere Naturen nicht leicht zu ertragen.

Als 1812 der Krieg aufs neue entflammt, bietet sich Fichte sofort wieder an, im königlichen Hauptquartier den Feldzug zu begleiten, um durch sein Wort die »Kriegsführer in Gott einzutauchen ... sie in die geistige Welt zu erheben«. Er trat mit der gleichen Unbefangenheit zurück, mit welcher er sich erboten hatte. Sein Sohn wirft einmal die Frage auf, was eigentlich als die größte Tat seines Lebens anzusehen sei? Und findet keine andere Antwort als die: daß er unangefochten und ohne Bitternis jegliche Verkennung und Ablehnung ertrug, sich selbst treu bleibend.

Für den Sommer 1814 hatte Fichte einen ruhigen Studienaufenthalt auf dem Lande geplant, zwischen Dresden und Meißen. Rückkehr in das Land seiner Kindheit! Ihm, der sich von neuer Jugendkraft durchdrungen fühlte, schwebte eine grundlegende Neufassung seines philosophischen Systems vor. Es sollte nicht mehr dazu kommen.

Ein ganz anderer Neubeginn war vom Schicksal gemeint. – Seine Frau hatte sich im Lazarett bei der Krankenpflege ein heftiges Nervenfieber geholt, das sie in unmittelbare Todesgefahr brachte. In diese Tage fiel der Beginn seiner Vorlesungen über die Wissenschaftslehre. Was könnte deutlicher die unerbittliche Selbstdisziplin dieses Mannes beleuchten als das Bild, wie er sich nach tagelanger hingebungsvoller Pflege von der geliebten Gattin löst und – wie er annehmen muß – die Sterbende verläßt, um seine Vorlesungen zu beginnen. War es die wider alles Erwarten genesende Gattin selbst, die ihm die tödliche

Erkrankung übertrug? Wie auch immer – ein Werkzeug muß der Schicksalsgenius haben, um seinen Willen vollstrecken zu können, der immer im Einklang mit dem höheren Ich der Persönlichkeit steht. Elf Tage kämpfte er mit der Krankheit. Kurz vor dem Tode erwachte sein Geist noch einmal zur vollen Klarheit. Liebevoll wies er die angebotene Arznei zurück: »Ich bedarf keiner Arznei mehr, ich fühle, daß ich genesen bin.« Es war der 27. Januar 1814.

»Ich werde überhaupt nicht für mich sterben, sondern nur für Andere – für die Zurückbleibenden ... für mich selbst ist die Todesstunde Stunde der Geburt zu einem neuen herrlicheren Leben« (Bestimmung des Menschen).

JEAN FRÉDÉRIC OBERLIN

Der Christ und die Erde

Man hat oft übersehen, daß Oberlin dem Strahlungsbereich der Sonne des Idealismus angehört, die um die Wende des 19. Jahrhunderts, von Mitteleuropa aufsteigend, die Erde weithin überleuchtete. Vielleicht, weil es ein Idealismus war, der nach unmittelbarer irdischer Verwirklichung drängte.

Im Jahre 1760 schließt der 20jährige Student der Theologie in Straßburg einen Bund mit Gott, weiht ihm sein Leben:

»Heiliger Gott! Heute übergebe ich mich Dir auf das Feierlichste. Höret, ihr Himmel! Erde, nimm es zu Ohren! Heute bekenne ich, daß der Herr mein Gott ist: Heute erkläre ich, daß ich Sein Kind bin, daß ich zu Seinem Volke gehöre. Vernimm meine Worte, o Gott! und schreibe in Dein Buch, daß ich hinführo ganz Dein sein will ... Deine Gnade mache mich fähig, nicht nur den Weg einzuschlagen, den ich für den besten erkannte, sondern auch immer rastloser auf demselben vorzuschreiten. Deiner Leitung übergebe ich meine Person und alles, was mir angehört. Leite alles, wie Deine unendliche Weisheit es für gut findet. Auf Dich verlasse ich mich bei allem, was geschieht, und spreche unbedingt: ›Dein Wille, nicht der meine geschehe!‹ Gebrauche mich, Herr! als ein zu Deinem Dienste bestimmtes Werkzeug! ... Der Name des Herrn sei mir zum ewigen Zeugnis, daß ich Ihm dieses Gelübde unterzeichnet habe, mit dem festen treuen Willen, dasselbe zu halten.

Straßburg, den 1. Januar 1760

Johann Friedrich Oberlin

Erneuert zu Waldersbach, den 1. Januar 1770«

Nach zehn Jahren wird dies Gelübde feierlich bekräftigt, nochmals nach weiteren 50 Jahren im hohen Alter. – Diese Treue und Durchhaltekraft des Willens war nur möglich, weil sie sich von vornherein mit eiserner Selbstdisziplin verband. Auch davon haben wir ein beredtes Zeugnis aus der gleichen Zeit:

»Ich will nur so viel essen und trinken, als ich zur Erhaltung meiner Gesundheit unbedingt brauche. Am wenigsten werde ich von meinen Lieblingsspeisen essen.

Ich will versuchen, meinen Jähzorn zu zähmen. Ich will mich aller beleidigenden Worte enthalten. Ich will mich in Kleidung und Garderobe mit dem Allernotwendigsten begnügen, so daß ich nicht zuviel Stunden geben muß (Oberlin sorgte selbst für seinen Lebensunterhalt). So werde ich noch mehr Zeit für mein Studium haben.«

Wie erweist sich dieser Gottesdienst im Leben? Als ein Dienst am Menschen, Dienst an der Erde. Seine Arbeit im Irdischen ist jedoch zugleich ein Bauen am himmlischen

Jerusalem. Das war das Besondere, fast ist man versucht zu sagen, das Einmalige dieser Persönlichkeit. Welche Spannweite Oberlin eigen war, das zeigen folgende Begebenheiten seiner Biographie, die sich wahrscheinlich im Leben eines anderen gegenseitig ausschließen würden, sich bei ihm jedoch auf das harmonischste verbanden.

An seiner Schlafzimmertür hing eine selbstgefertigte Karte vom Jenseits. Seine Tagebücher zeugen von der eingehenden Beschäftigung mit den wahrscheinlichen Zuständen der Verstorbenen seiner Gemeinde. Zugleich baut er Straßen, pflanzt Bäume, führt eine ausgedehnte Korrespondenz über die besten Kartoffelarten, die sich für den Anbau im Steintal eignen. – Der Pfarrer studiert Jakob Böhme und Swedenborg, um seine Vorstellungen über das Jenseits zu konkretisieren und zu erweitern. Zugleich überzeugt er seine Pfarrkinder von der Wichtigkeit eines gut angelegten Misthaufens. – Derselbe Mann, der eine Kreditbank ins Leben ruft, die erste Heimindustrie ins Steintal holt, lebt zugleich neun Jahre lang in innigster Zwiesprache mit seiner verstorbenen Frau.

Jean Frédéric Oberlins Biographie ist eine einzigartige Dokumentation dafür, daß der Christ erdzugewandt und gleichzeitig Mystiker sein kann oder sogar muß. Beheimatet in zwei Welten.

Was ist das für ein Mensch?

Mit 23 Jahren hat der einer angesehenen Straßburger Familie entstammende Student bereits sein Theologiestudium abgeschlossen mit einer Arbeit über die Philosophie von Leibniz. Warum zögert er, ein Amt zu übernehmen? Er wartet auf den Ruf, eigentlich auf die Entscheidung Gottes.

Zunächst konnte er sich als Hauslehrer bei einem Arzt nebenbei medizinische Kenntnisse aneignen. Vom großväterlichen Landgut in Schiltigheim war ihm die Arbeit in der Landwirtschaft von Kind an vertraut. Das tägliche Studium des alten und neuen Testamentes war selbstverständliche Gewohnheit. Seine »Leidenschaft für Regel und Ordnung« schien auch einen soldatischen Beruf wünschenswert zu machen. Er wartet. Schließlich entscheidet sich der hochbegabte Jüngling zum Erstaunen seiner Bekannten, das Amt eines Feldgeistlichen zu übernehmen.

Da endlich ergeht an einem kalten Februarabend 1867 der ersehnte Ruf an ihn.

Oberlin lebte damals in einer dürftigen Dachkammer, ungeheizt, ein Papiervorhang schützte das Bett vor der äußersten Kälte. Als Pfarrer Stuber, der einen Nachfolger für seine Arbeit im Steintal sucht, die Kammer betritt, hängt über der Lampe eine kleine Pfanne, in der das Nachtessen gewärmt wird: ein von der Mutter mitgegebenes Stück Brot, in Wasser eingeweicht. So härtet sich der Soldat Christi für seine zukünftige Aufgabe ab. Könnte es einen geeigneteren Hirten geben für die armseligen Gemeinden im elenden Steintal, das wegen seines rauhen Klimas, seiner Abgeschiedenheit und Verödung weithin gefürchtet und als »vogesische Wüste« verschrien ist?

Dabei war dieses von Straßburg gar nicht weit entfernte Seitental der Vogesen, am Fuß des Champ du Feu, uralt geschichtlicher Boden. Der Donon galt als Götterberg schon in der Keltenzeit. Mancherlei Funde bezeugen die Besiedlung durch die Römer. Doch das Klima war zu streng, die Lage zu abseitig, die jeweiligen Herren des Tals waren zu gleichgültig, als daß sich in all den wechselvollen Zeiten dort ein bescheidener Wohlstand, geschweige denn so etwas wie Kultur hätte entwickeln können.

Stuber, den seine zarte Gesundheit zwang, seine opfervolle Aufbauarbeit dort zu verlassen, suchte einen Pfarrer für etwa 400–500 Menschen, die zerstreut in strohgedeckten, niederen Hütten, oftmals zusammen mit dem Vieh hausten. Im Frühjahr war die Armut zuweilen so groß, daß man sich mit gekochten Kräutern begnügen mußte. Kein Wunder, daß Kirche und Schule in den Weilern verfielen, soweit sie vorhanden waren. Die Sprache, das Steintäler Patois, ist eine französische Mundart, von deutschen Lehnwörtern durchsetzt, auch sie mehr Barriere als Verbindung.

Es bedurfte keiner Überredungskunst, um Oberlin zu überzeugen, daß hier die Aufgabe war, die den Einsatz seines ganzen Menschen im Dienste Gottes erheischte. Auf diesen Ruf hin war sein Wesen hingespannt. Und im Rückblick zeigte sich, daß alle Ereignisse des bisherigen Lebens Vorbereitung dazu gewesen waren.

Dieser junge Mann hatte sich nicht nur in soldatischer Strenge zur absoluten Anspruchslosigkeit und Selbstdisziplin erzogen – er war auch ohne Furcht. Die Unerschrockenheit zeigte sich schon beim Kinde, das in gerechter Empörung dem Polizisten entgegentrat, der einen invaliden Bettler grob angefahren hatte. Das sollte ihm im Umgang mit den Burschen im Steintal zugute kommen. Wie, dieser junge Pfarrer will neue Sitten einführen, predigt gar Moral? Dem wollen wir's zeigen! Einmal steht Oberlin im Wald plötzlich ein paar bärtigen Gesellen gegenüber, die mit den Worten »da haben wir dich ja, Halunke« gegen ihn die Keule erheben. Aber so leicht ist der neue Geistliche nicht einzuschüchtern. Höflich zieht er den Hut und erwidert: »Sie irren sich, mein Freund, ich heiße nicht Halunke, ich heiße Jean Frédéric Oberlin.« Vor Verblüffung verging jenen der Mut zu Gewalttätigkeiten.

Ja, dieser Prediger ging aufs Ganze. Der wollte mit seinem Wort nicht nur erbauen, er wollte den Menschen verändern. Das hat man nicht so gern, das muß man ihm austreiben. Also will man ihm eines Abends auflauern und ihn verprügeln. Oberlin hört von dem Plan. Wie verhält er sich? In seinem schwarzen Habit tritt er abends im Wirtshaus zu den zechenden Burschen und sagt in das betroffene Schweigen hinein: »Freunde, ich habe von eurem Plan gehört. Ich möchte euch nicht in die Verlegenheit bringen, mir, eurem Pfarrer, eine Falle zu stellen. Hier bin ich, verfahrt mit mir nach eurem Gutdünken.« Dieser Haltung gegenüber ist jede Grobheit machtlos, mehr noch: fällt in sich selbst zusammen, beschämt durch den Adel unbeirrbarer Güte.

Zur Furchtlosigkeit kam der unbestechliche Charakter. Schon aus der Studentenzeit wird ein Beispiel davon berichtet. Unter den Theologieprofessoren war ein Anhänger der Brüdergemeinde, beseelt vom Geist des Pietismus, dessen herzhafte Frömmigkeit das theologische Lehrgebäude auf das wohltätigste durchdrang. Wie es immer ist: schließlich gelingt es den »Rechtgläubigen« den Außenseiter zu verdrängen. Von Stund an macht Jean Frédéric Oberlin jeden Morgen einen Umweg, zieht die Glocke am Haus des verehrten Lehrers (und es ist in seinem Sinn, daß die Nachbarschaft es bemerkt!), wartet, bis sich die Tür öffnet, verbeugt sich tief und geht weiter.

Wieder war es diese Charakterfestigkeit, die in späteren Jahren seinem Wort eine solche Vollmacht verlieh, daß ihm nicht widersprochen werden konnte. –

Daß der Pfarrer höchst eigenhändig, nur mit einem Tagelöhner zusammen, den Bau einer ordentlichen Straße durch das Steintal begonnen hatte, war erstaunlich genug. Wie so oft wirkte das Beispiel Wunder; bald legten alle mit Hand an, und im Verlauf von zwei Jahren war aus Schlamm und Geröll ein fester Weg geworden. Dann aber kam die große Aufgabe. Die Breusch schnitt das Tal von der Hauptstraße nach Straßburg ab. Nur ein Balken diente als Brücke über den zeitweilig reißenden Fluß. Alle Gesuche, eine ordentliche Brücke zu erstellen, blieben von den Behörden unbeantwortet. Da war es wieder Oberlin selbst, der nach einem Unglücksfall den Plan zu einer Brücke entwarf, das Geld auftrieb, von der Kanzel herab seine Gemeinden zu diesem Werk der gottgefälligen Nächstenliebe anfeuerte – und der berühmt gewordene Pont de la Charité, die Brücke der Barmherzigkeit, erstand. Als man jedoch nach Jahren den Zustand der Brücke bemängelte, kam es zu folgendem Briefwechsel:

Am 26. April 1813 schrieb der Bürgermeister der Gemeinde Rothau im Elsaß an den evangelischen Pfarrer von Waldersbach folgenden Brief in französischer Sprache:

»Mein Herr!

Infolge der Klage, die gestern der Gendarmerie-Brigadier bei mir darüber vorbrachte, daß wegen des schlechten Zustandes der Liebesbrücke beinahe die Pferde seiner Gendarmen in schlimme Gefahr geraten wären, begab ich mich in Begleitung mit dem Herrn Maire de la Broque dorthin; wir fanden, daß in der Tat diese Brücke der Reparation sehr bedarf. Aus diesem Grunde bitte ich Sie, mein Herr, wenn Sie Mittel für diesen Gegenstand haben, solche gefälligst zu diesem Zweck verwenden und mich davon in Kenntnis setzen zu wollen.

Ich habe die Ehre zu sein Ihr ergebenster

J. Charpentier, Maire.«

Die Antwort wurde noch selbigen Tags geschrieben, sie lautete:

Waldersbach, den 26.4.1813

»Herr Maire!

Die fragliche Brücke, die arme, verwaiste Brücke nennt sich Liebesbrücke, weil sie in Folge vielfacher Unglücksfälle endlich von der Liebe erbaut und von der Liebe unterhalten wurde. Dies ist der einzige für diesen Gegenstand vorhandene Fonds.

Gott sei mit Ihnen, Herr Maire! und sein Geist leite Sie!

J. Fr. Oberlin«

Man muß sich die Empfindung, mit der die Steintäler dem neuen Pfarrer zunächst entgegenblickten, als ein Gemisch von Erwartung und Mißtrauen vorstellen. Würde er es länger aushalten als seine Vorgänger? Was für ein Weg, bis jedes seiner Gemeindeglieder ihn voll liebender Verehrung »Papa Oberlin« nennt! Ein Menschenbruder hatte sich zu ihnen gesellt, ein Seelsorger, der ihre ganze Existenz mit ihnen teilte.

Nachdem er jede Hütte besucht hatte (auf zahllosen Wanderungen, bei denen ihm die Schönheit der Vogesenlandschaft zu einem ständigen Quell frommer Bewunderung werden sollte), faßte ihn ein tiefes Erbarmen. Diese Leute, denen die Armut und Verlassenheit ein menschenwürdiges Dasein verwehrten, mußten in einen anderen Zustand versetzt werden. Das Wort der Predigt konnte nur hilfreich werden, wenn es bis in die Willenssphäre hinein zündete. Daß man sie aus ihrer Gleichgültigkeit erwecke! Daß ihr Sinn für Ordnung und Schönheit sich rege! Daß sich ihr Horizont erweitere über die tägliche Notdurft hinaus!

Es werde von Grund auf anders! Wodurch? Durch Beispiel und bedingungslosen Einsatz. Was ein einzelner Mensch vermag! Unmögliches wird möglich.

Ein Schulhaus muß gebaut werden. Oberlin beschafft die Mittel (seine Bittbriefe werden in Straßburg allgemach bekannt!), er ist sich selbst zum Maurer nicht zu schade. Dann müssen junge Leute zu Handwerkern ausgebildet werden. Wiesen werden entwässert und neue Getreidesorten ausprobiert. Später wird der Pfarrer kein Brautpaar trauen, das nicht zuvor einen Obstbaum gepflanzt hat. Das winzige Pfarrhaus beherbergt bald eine stattliche Leihbücherei. Mit Hilfe der trefflichen Luise Scheppler entstehen Strickschulen und Kindergärten (wohl die ersten in Europa). – Die Häuser werden instand gesetzt – seines zuletzt! Kein Gutsherr könnte von seinen Tagelöhnern so viel Arbeit verlangen, wie dieser erstaunliche Seelenhirte sie seinen Pfarrkindern abfordert.

Und das Unglaubliche geschieht: daß die aus ihrer Lethargie Erweckten die Freude der Schaffenslust erleben, zumal sie durch die verschiedensten Belohnungen dazu angeeifert werden. O Jean Frédéric Oberlin war ein Menschenkenner! Und jede Verbesserung ihrer irdischen Existenz vermochte er ihnen als eine gottgewollte Tat vor Augen zu stellen, so daß alle Arbeit von religiösem Elan befeuert war.

Das Werk Oberlins ist jedoch undenkbar ohne seine Frau und den Erfahrungsquell, der sich ihm bei ihrem Tode erschloß. Es war eine außerordentlich glückliche Ehe, die er sechzehn Jahre lang mit Salome Witter, einem vornehmen Straßburger Mädchen, führen durfte. Sie war keineswegs einer Verliebtheit entsprungen, sondern einer Gebetseingebung folgend. Sie wurde ihm eine echte Gefährtin in all seinen Sorgen. Wie sehr er sie liebte, geht aus einem Stoßgebet hervor, das er nach einer schweren Geburt seiner Frau ausrief: »Herr Gott, laß mich mein Leben lang Kartoffelschalen essen und Wasser aus einer Pfütze trinken, doch erhalte mir meine Frau.«

Es war zehn Wochen nach der Geburt des neunten Kindes, daß Frau Salome, von Vorahnungen erfüllt, begann, ihr Haus zu bestellen und am Abend vor ihrem Tode von ihrem Mann Abschied nahm. »Du bist es, dem ich die Kenntnisse verdanke, die ich vom Himmel besitze und all dem, was uns nach dem Tode erwartet. Ich machte mir dunkle und falsche Vorstellungen vom Himmel; nun aber weiß ich, daß keine Seele in das Himmelreich kommt, die nicht wiedergeboren ist und daß viele Stufen im Himmel sind.«

Da für Oberlin ein Leben ohne seine Frau einfach unvorstellbar war, vermochte er die Schwinge des Todes über ihr nicht wahrzunehmen, und so traf ihn ihr Verlust mit unvermittelter Wucht. Nachdem sie nach kurzem Todeskampf in seinen Armen verschieden war, stürzt er auf den Boden, um sich im Gebet wieder zu fassen. Aber da für ihn Beten immer zugleich Loben und Danken ist, kann er selbst in dieser Stunde tiefsten Kummers nichts anderes sagen als »Lobet den Herrn alle Heiden, preiset ihn alle Völker.«

In die Dunkelheit seines Schmerzes fällt nach neun Tagen der erste Lichtstrahl durch das Empfinden ihrer leibhaftigen Nähe und die Verheißung: »Ich werde erstaunend viel um dich sein.« Die tiefe Liebe zwischen beiden baute eine Brücke, auf der sie sich ihm nahen konnte und die seine Seele ihr entgegenführte. Neun Jahre lang dauerte diese wunderbare »Geistesehe«. Zunächst erschien sie ihm im Wachen, dann im Traum, aber immer ganz wirklichkeitsgesättigt – ja man konnte sich »verabreden« auf eine bestimmte Stunde, meistens morgens um 3 Uhr. Zuweilen fühlte er eine leise Berührung seines kleinen Fingers, wie sie sich früher manchmal in der Eile des vielbeschäftigten Tageslaufes gegrüßt hatten, um sich ihrer Zuneigung zu versichern.

Oberlin schreibt ein Tagebuch über diese Erlebnisse »Gesichte meiner lieben Frau im Traum«. Es ist ein bewegendes Zeugnis, wie die Verbundenheit über den Tod hinaus zur wechselseitigen Verwandlung führt. Bewußtsein wird erweckt, daß ihr Aufstieg an seine Läuterung geknüpft ist. Ahnungen senken sich in seine Seele über die verschiedenen hierarchischen Bereiche, die ihr Geist durchmißt. Andererseits beschenkt sie ihn mit Voraussagen und Hilfen für seine tägliche Arbeit. Allmählich vergrößert sich sogar der Umkreis derer, die Salome Oberlin schauen konnten, bis sie sich nach neun Jahren durch einen Bauern in Belmont regelrecht verabschiedet, es sei ihr nun nicht mehr möglich, sich zu erzeigen. So wurde Oberlin ein Erfahrener auch in den übersinnlichen Bereichen.

Sein Sinn für Konkretheit zeigte sich auch im Umgang mit der geistigen Welt. Eine genaue Karte wird angefertigt über die »Bleibstätten der Verstorbenen«, in der er an Hand der Apokalypse und der Tempelanlage in Jerusalem die verschiedenen Bereiche des Jenseits fast realistisch in ihrer abgestuften Gliederung beschreibt. War es diese Empfänglichkeit für das Geistige, die sein Handeln im Irdischen so fruchtbar werden ließ? –

Auch das Steintal blieb von den Schrecknissen der Französischen Revolution nicht verschont. Der makellose Name des Menschenwohltäters schützte ihn nicht vor Gefangennahme (die glücklicherweise nur kurz war), vor der Amtsenthebung. Aber wie sieht das in seiner Pfarre aus? Man gründet einen Klub anstelle des Gottesdienstes. Da die Kirche den größten Raum besitzt, ist er aus Zweckmäßigkeitsgründen auch der gegebene Versammlungsraum. Nach der Verlesung des Protokolls und einer Belehrung über Menschenrechte und Bürgerpflichten fordert man den Bürger Oberlin auf, seine Unterweisungen vom letzten Mal fortzusetzen, und miteins verwandelt sich der Klub zur andächtigen Gemeinde – wie eh und je. Das Abendmahl wird wie in urchristlichen Zeiten als Feier des Brotbrechens im Pfarrhaus vollzogen.

Sind es diese gemeinsamen Belastungen, die aus dem evangelischen Pfarrer den katholisch-evangelischen Christen machen? Oder entsprach es einfach der Weite und Großzügigkeit seines Wesens, sich über konfessionelle Schranken hinwegzusetzen? Zu seinen Predigten kamen auch Katholiken gern. Und welch zupackende Bildersprache war ihm eigen!

»Vor mir liegen zwei Steine, Nachahmungen von Edel-
steinen. Sie sind in der Farbe ganz gleich, beide von demselben reinen, klaren Wasser. Aber in Glanz und Leucht-
kraft sind sie verschieden, der eine ist blendend, der andere
ganz matt, so daß das Auge leicht und teilnahmslos über
ihn hinwegsieht.

Woher kommt wohl diese Verschiedenartigkeit? Kein
Wunder! Der eine Stein hat nur wenig Facetten, der andre
wohl das Zehnfache. Diese rautenweise geschliffenen Er-
höhungen bedeuten einen gewaltigen Eingriff, da wird
tief in den Stein geschnitten, seine Seiten werden geschlif-
fen und geglättet.

Wären diese Steine lebendig und hätten sie die ihnen
zugemutete Prozedur gespürt, so würde der Stein mit den
hundert Facetten Schweres durchgemacht haben und hätte
wohl den andern Stein, der nur den zehnten Teil davon
erleiden mußte, um sein besseres Schicksal beneidet. Ist
aber der Eingriff geschehen, dann ist auch das Ergebnis
endgültig und der große Unterschied tatsächlich. Der
Stein, der weniger gelitten, ist für alle Zeit vom andern in
den Schatten gestellt, der als der kostbare alle Blicke auf
sich zieht.

Kann uns dieses Beispiel nicht als Erläuterung der Worte
Jesu dienen, die er im Hinblick auf die Ewigkeit gesprochen: ›Selig sind, die da Leid tragen, denn sie sollen getrö-
stet werden.‹«

Im Grunde wollte Oberlin eine Erweckungsbewegung
hervorrufen, die nicht nur die Erneuerung der Seelen be-

JEAN FREDERIC OBERLIN

1740 - 1826

wirken, sondern sich bis in die wirtschaftlichen und rechtlichen Lebensverhältnisse erstrecken sollte. Eine »société chrétienne«, eine Art urchristliche Kommunität, in der alle alles miteinander teilten. Doch dafür war die Zeit noch nicht reif.

Als er im Juni 1826 hochbetagt stirbt, beweinen die Gemeinden ihren »Vater«. In dem elenden Steintal waren blühende Dörfer entstanden. Aus der Weltabgeschiedenheit gingen die Wege weit hinaus. Der russische Kaiser Alexander höchstpersönlich hatte Oberlin einen Schutzbrief ausgestellt, als 1814 die Truppen der Alliierten durch die Vogesentäler nach Frankreich einrückten. Katholiken und Protestanten sammeln sich um sein Grab. Er war wirklich »die Zeder«, deren pfeilgerader Schaft zum Himmel aufwuchs und deren weithin schattende Zweige das Leben der Menschen und Erde behüteten.

Die Biographie eines solchen Menschen zeigt, daß das Christentum wohl begonnen hat als Religion, es aber weit mehr ist als bloße Religion.

SERAFIM VON SAROW

» . . . betet ohn Unterlaß «

Manchmal fragt man sich: Welches sind die Menschen, auf die es ankommt in einer Epoche? Wo sind die eigentlichen Träger des Zeitgeistes? Sind das die Männer der Politik? Die großen weithinhallenden Namen – oder sind es die Stillen im Lande? Ist es wirklich schon ausgemacht, daß es vorwiegend die Taten sind, welche die Welt verändern? Welches Gewicht kommt dem Opfer, dem Gebet zu auf der Waagschale?

Als die napoleonische Armee durch Rußland zog im Jahre 1812 und schließlich aufgerieben wurde, da lebte in dem gleichen Zeitraum ein Mönch, der in den Wäldern hinter der Wolga 1000 Tage und 1000 Nächte (das sind drei Jahre!) im unablässigen Gebet verbrachte, nachts auf einem Granitblock stehend, tagsüber in der Nähe seiner Hütte: Und dieser Gebetsstrom wurde nicht unterbrochen, wenn er ab und an eine getrocknete Zwiebel zu sich nahm. Wir wissen das aus Berichten, die das Verhalten dieses Mannes damals als sinnlos verhöhnten. »In einer Zeit, wo Europa sozusagen aus den Angeln geraten ist, steht dieser Mensch, als ob nichts wäre, auf einem Steinblock und kämpft gegen böse Gedanken.«

Dem Blick des Geistesforschers Rudolf Steiner war es klar ersichtlich, daß einst im 13. Jahrhundert das Vordringen der Mongolen aufgehalten wurde durch die geistige Mauer, die Franz von Assisi und Elisabeth von Thüringen durch die Kraft ihres Gebetes um Mitteleuropa errichtet hatten.

Wann werden wir lernen, die Realität des Unsichtbaren ernst zu nehmen?

Wer zu den Wirkensmächten der Geschichte vorstoßen will, muß seine Augen lösen von der Magie des Sichtbaren und der Blendung durch die Zahl.

In dem Lebensteppich der Jahrhundertwende ist der Goldfaden des Serafim von Sarow eine unübersehbare Spur. Dem westlichen Tatmenschen steht der östliche Beter gegenüber, und beide bedingen einander.

Das gibt es eben auch, daß ein Mensch die ganze Tatkraft, mit der eine Individualität sich in die Erde einschreibt, nach innen wendet und in flammende Opferglut verwandelt. Eine Arbeit der Seele und des Geistes, für die wir uns erst die Begriffe erwerben müssen.

Reicht das Vermögen unserer Vorstellungen aus, um erfassen zu können, daß ein Mensch sich durch Jahrzehnte hindurch der Verlautbarung seines Wesens durch das Wort enthält und so zu einer Persönlichkeit (personare = hindurchtönen) wird, die vom Logos durchtönt wird? – Wir, die wir das Beten weithin verlernt haben, können es kaum fassen, daß jemand im Gebet eine solche wachsende Kraft erzeugt, die sich im Alter heilend auf andere überträgt.

In diesem mächtigen Reich, von dem wir kaum Kenntnisse besitzen, war Serafim von Sarow ein Erfahrener.

Was ist das – ein Starez? Das Starzentum ist eine charismatische Erscheinung, die ohne die Geschichte des Klosterlebens nicht zu denken ist. Es bedeutet keine kirchliche Würde. Sein Ursprung ist wohl bei den Eremiten auf dem Athos zu suchen. Nach jahrhundertelangem Schweigen erwuchs es im 19. Jahrhundert in Rußland zu seiner höchsten Blüte.

Ein Starez ist ein älterer Mönch, »ehrwürdiger Greis«, der sich nach einem langen Leben strengster Selbsterziehung und geistiger Übung die Fähigkeit errungen hat, andere Menschen, Mönche wie Laien, zu lehren und zu führen.

Wie sie alle zu Serafim pilgerten – Arme und Reiche, Sünder und Weise, Einfältige und Adlige! Unzählige Briefe empfing er von Ratsuchenden, meistens beantwortete er sie, ohne sie geöffnet zu haben. Das innere Auge bedurfte der Schrift nicht mehr. Gleich nach dem Frühgottesdienst öffnete er die Zelle, und zwischen brennenden Kerzen, im »weißen Kittelchen« dastehend, begrüßte er die Pilger, gleichviel zu welcher Jahreszeit, mit dem Ostergruß: Christus ist auferstanden! Vor jedem verneigte er sich tief, und war es auch ein Verbrecher, und nannte ihn: Du meine Freude. Beim Abschied legte er wohl seine Priesterstola auf den Kopf des Beichtenden und salbte dessen Stirn mit heiligem Öl. Und alle, alle gingen sie tief befriedet in ihrer Seele fort, wie in ein geistiges Licht getaucht. Jede Not und jede Schuld fühlte sich aufgehoben in der Gottesliebe, die von diesem Menschen ausströmte.

Was lehrte er? »Darin muß deine ganze Wachsamkeit bestehen: Im Gehen und Sitzen, bei der Arbeit und in der Kirche bewahre das immerwährende Jesusgebet in der Seele und im Herzen. Im Anrufen des Namens Gottes findest du Ruhe, Reinigung von Seele und Leib, und der heilige Geist, die Quelle des Heils, wird auf dir ruhen.«

Ist uns das wirklich so fern? Wie ein geistiger Nachfahre dieses Heiligen schreibt in unserem Jahrhundert der junge Hermann Kükelhaus in seinen Kriegsbriefen aus Rußland: »Unser ganzes Heil liegt im Beten, im lebendigen Beten.« Oder: ». . . liebste Anna, du hast immer so leidige Gedanken . . . wenn ich bete, lieber Gott hilf mir, dann ist ja schon geholfen. Wenn es aus dir herausspricht, dann hat Gott gesprochen.«

Nicht müde wird der Starez, von der gewaltigen Kraft des Gebetes zu sprechen, das den heiligen Geist zu uns herabziehen kann. Und in der Erlangung des heiligen Geistes sah er die Erfüllung unseres Lebens, so wie auch die Jünger erst nach der Begnadung mit dem heiligen Geist volle Menschen wurden.

»Wir Menschen von heute sind fast alle innerlich in Kälte erstorben gegenüber dem heiligen Glauben an unseren Herrn Jesus Christus, und wir haben nicht mehr acht auf die Wirkung Seiner göttlichen Erscheinung.«*

* Alle Zitate nach Igor Smolitsch: Leben und Lehre der Starzen Verlag Hegner.

Ja, er vermochte im Gespräch das geistige Licht, das ihn ganz durchdrang, sogar auf andere zu übertragen, so daß unser Urständen im Geiste für Augenblicke anschaubar wurde.

»»Ich möchte es ganz genau verstehn‹, sagte ich.

Da faßte mich der Vater Serafim fest an den Schultern und sagte eindringlich: ›Wir beide, Väterchen, *sind jetzt im Heiligen Geiste!* – Warum siehst du mich nicht an?‹

Ich antwortete: ›Ich kann Euch nicht anblicken, Vater, aus Euern Augen leuchten Blitze, Euer Geist ist heller als die Sonne geworden, und meine Augen brennen vor Schmerz!‹ ›Habt keine Furcht!‹ sagte der Vater Serafim, ›Ihr selber seid jetzt leuchtend geworden wie ich. Nun seid Ihr selber in der Fülle des Heiligen Geistes, sonst könntet Ihr mich so nicht schauen!‹

›Väterchen, aber warum seht Ihr mir nicht in die Augen? Schauet doch nur und fürchtet Euch nicht! *Der Herr ist mit uns!*‹

Auf diese Worte hin blickte ich in sein Gesicht, und ein großer ehrfürchtiger Schauer überkam mich. Stellen Sie sich vor: Mitten in einer Sonne, wie im hellsten Glanze der Mittagsstrahlen, das Antlitz des mit Ihnen sprechenden Menschen. Sie gewahren die Bewegung seiner Lippen, den wechselnden Ausdruck seiner Augen, Sie hören seine Stimme, Sie fühlen, daß jemand mit seinen Händen Ihre Schultern hält – Sie sehen aber nicht diese Hände, Sie sehen nicht sich selbst, auch nicht seine Gestalt – einzig nur den blendenden Schein, der von ihm ausgeht, sich rings um ihn verbreitet und mit seinem hellen Glanz den Schnee auf der kleinen Lichtung beleuchtet und die herabfallenden Schneeflocken, die den großen Starez und mich überschütten ...

Unmöglich läßt sich der Zustand beschreiben, in dem ich mich in diesem Augenblick befand.«

Friede, Freude, eine unbeschreibliche Süßigkeit und Wärme erfüllen den Menschen in diesem Zustand, und »der Wohlgeruch des Geistes« ist kein Wort mehr, sondern selige Erfahrung.

Der heilige Geist erwies sich als der heilende Geist, der gesundend bis in das Leibesgehäuse hineinwirkte. Wir lesen zwar im Neuen Testament, daß es zu der Sendung der Jünger gehört, Kranke zu heilen. Aber wie weit sind wir davon entfernt! Der heilige Serafim von Sarow jedoch vermochte in seinem hohen Alter, als sein Ich völlig mit dem göttlichen Ich eines geworden war, die Flamme des Glaubens in dem kranken Bruder zu wecken, so daß sie den siechen Leib durchkraftete und die Schwäche des Körpers überwand.

»Am 5. September 1831 wurde ich nach Sarow gebracht. Am 7. und 8. September, dem Tag der Geburt der Mutter Gottes, würdigte mich der Starez Serafim zweimal, sich mit mir zu unterhalten, vor- und nachmittags in seiner Klosterzelle. Am 9. September wurde ich von fünf Menschen nach der Waldlichtung zur Hütte getragen. Der Starez unterhielt sich gerade mit vielen Leuten. Ich wurde unter einer großen Fichte, die heute noch steht, auf den Boden gelegt. Auf meine Bitte, mir zu helfen, sagte der Vater Serafim: ›Ich bin kein Arzt; wer sich von irgendeiner Krankheit heilen lassen will, muß sich an einen Arzt wenden.‹

Ich erzählte ihm ausführlich, daß ich bei den besten Ärzten von Kazan in Behandlung gewesen sei, dann bei dem Schüler des bekannten Homöopathen Hahnemann, daß mir aber keiner habe helfen können. Und ich fühle, daß mir Sünder nur Gott helfen könne.

›Glaubet Ihr an den Herrn Jesus Christus, daß Er ein Gottmensch ist, und an Seine Allerheiligste Mutter, daß sie eine Allerreinste Jungfrau ist?‹ Ich antwortete: ›Ja, ich glaube.‹

›Und glaubet Ihr, daß der Herr, wie Er früher in einem Augenblick und mit einem einzigen Wort oder durch eine Berührung alle Leiden heilte, auch heute genau so leicht und in einem Augenblick den, der seine Hilfe erbittet, heilen kann, und daß durch Sein Wort und den Beistand der Mutter Gottes es uns möglich ist, auch jetzt in einem Augenblick und mit einem Wort zu heilen?‹

Ich antwortete: ›Ich glaube wahrhaftig und aus ganzem Herzen und ganzer Seele, und wenn ich nicht glaubte, hätte ich doch nicht befohlen, mich zu Euch zu bringen.‹

›Wenn Ihr so glaubt, dann seid Ihr schon gesund.‹

›Wie denn gesund‹ – sagte ich –, ›wenn Ihr und die Leute mich mit den Armen stützen müssen!‹

›Nein, Ihr seid am ganzen Körper genesen, und Ihr seid vollkommen gesund.‹ Und der Starez gebot den Leuten, die mich hielten, beiseite zu gehen, er selbst aber nahm mich bei den Schultern, hob mich vom Boden auf, stellte mich auf die Füße und sagte: ›Nun steht fest! Stellt die Füße nur fest auf den Boden ... So, so, habt keine Angst, Ihr seid jetzt vollkommen gesund‹, und dann sagte er: ›Also seht Ihr, wie gut Ihr schon stehen könnt!‹

Ich antwortete: ›Ja, darum, weil Ihr mich so gut führt.‹

›Nein, Ihr könnt jetzt schon ohne mich gehen, und Ihr werdet immer gehen. Die Mutter Gottes selbst hat den Herrn gebeten, und Er hat Euch vollkommen geheilt. Geht doch nur!‹

Und als ob ich eine ganz besondere Kraft in den Füßen fühlte, ging ich einige Schritte hin und her; aber der heilige Starez hielt mich an und sagte:

›Genug für heute! Die drei Leidensjahre haben Euch sehr geschwächt, fangt ganz langsam zu gehen an und schont Eure Gesundheit, die jetzt eine kostbare Gabe des Herrn geworden ist. Der Herr hat die Schlechtigkeiten von Euch weggenommen und Euch von Sünde gereinigt. Seht doch, welches Wunder der Herr an Euch vollbracht hat und glaubt nun alle Zeit ohne Zweifel an seine Gewogenheit.‹

Nach dem Segen des Starez ging ich vorsichtig mit Hilfe eines Dieners in Gegenwart vieler Leute zu meinem Wagen zurück ...«

Wie sahen die Lebenswege des Menschen aus, der den Stoff seines Leibes so verklären konnte, daß das Geisteslicht aus ihm herausstrahlte? Sein weltlicher Name lautete Prochor Moschnin. Am 19.Juli 1759 wurde er in Kursk geboren, wo sein Vater Kirchenbaumeister war. Nach dessen frühem Tode (Prochor war drei Jahre alt) leitete die resolute Mutter das Unternehmen weiter und scheute sich nicht, wenn es notwendig war, selbst auf die Gerüste zu klettern. Vielleicht war es bei solch einer Besteigung, daß Prochor, siebenjährig, vom Glockenturm stürzte, aber unverletzt blieb. Der ältere Bruder führte einen Krämer-laden, und der jüngste Sohn sollte auch Kaufmann wer-den. Als er zehn Jahre alt war, befiel ihn eine schwere Krankheit, die ihn an den Rand des Todes führte. Da er-schien ihm zum ersten Mal die Mutter Gottes, und von ihrer Erscheinung strömte die Kraft der Genesung aus. Mit achtzehn Jahren teilte er seiner Mutter den Entschluß mit, in ein Kloster zu gehen, und sie segnete seinen Vor-satz. So trat er seine erste Wallfahrt zum Höhlenkloster in Kiew an. Hier eröffnete er sich dem Starez Dosefej, der die Sehergabe besaß. »Geh, mein Gotteskind in die Sarow-Einsiedelei. Dieser Ort wird dir zur Rettung werden.« Als Übung gab er ihm das unaufhörliche Jesusgebet »Herr Jesus Christus, erbarme Dich mein.« Was immer er auch tue, diese Worte sollten in ihm leben, bis sie schließlich zum Pulsschlag seines Herzens geworden seien.

Da begann also im 19.Lebensjahr das immerwährende Ersprechen des Namens Jesu Christi in einem Menschen, das behutsam so etwas wie ein zweites ätherisches Herz in ihm erbilden sollte.

Es folgten acht Jahre strengster asketischer Übungen in Sarow. Bei seiner Mönchsweihe erhielt er den Namen Serafim. Bereits damals strahlte sein flammender (seraphischer) Glaube wie ein Licht aus seinen Augen. Kurz vor der Weihe war er schwer an Wassersucht erkrankt. Doch er wollte keinen Arzt. Dann beichtete er und nahm das heilige Abendmahl. Viele Jahre später, kurz vor seinem Tode, erzählte Serafim einem Mönch, daß er nach diesem Abendmahl eine Vision hatte: Die Allerheiligste Jungfrau Maria erschien ihm in einem überirdischen Licht, links und rechts neben ihr standen die Apostel Johannes und Petrus. Die Gottesmutter wendete sich zu Johannes und sagte: »Dieser ist aus unserem Stamm.« Darauf legte sie ihre rechte Hand auf den Kopf des Leidenden, und das Wasser, das seinen Leib füllte, begann durch eine Wunde in seiner rechten Seite abzufließen. Die Narbe dieser Wunde aber blieb für sein ganzes Leben als sichtbares Zeichen an seinem Leib.

Von jetzt ab waren die Hüllen über dem inneren Auge locker gelegt. Die geistigen Wahrnehmungen konnten sich zeitweilig so verdichten, daß die Bilder des Irdischen wie gegenstandslos wurden.

Zu dieser Zeit hatte er abermals eine Vision. Es war in der Karwoche, am Gründonnerstag bei der Frühliturgie. Wie immer zelebrierte der Abt Pachomij gemeinsam mit Serafim. In seiner Eigenschaft als Diakon trat Serafim vor das Königstor und rief aus: »Herr, errette die Frommen und erhöre uns!« Dabei sollte er, nach der Gottesdienstregel, auf die Anwesenden mit dem Orarion hinzeigen. Aber Serafim konnte seine Hand nicht mehr heben, der Ausdruck seines Gesichtes veränderte sich, er blieb stehen und brachte kein Wort über die Lippen. Alle verstanden, daß er eine Vision hatte. Zwei andere Hierodiakonen nahmen ihn und führten ihn in den Altarraum.

Drei Stunden vermochte Serafim keinen Laut hervorzubringen. Als ihm die Sprache wiederkam, berichtete er demütig dem Abt: »Als ich Armer: ›Herr errette die Frommen und erhöre uns‹, sprach und gerade das Orarion heben wollte, wurde ich plötzlich von einem Strahl beleuchtet, wie von einer Sonne. In diesem Licht schaute ich Unsern Herrn Jesus Christus in menschlicher Gestalt, ganz in Licht und Glorie, von Engeln, Erzengeln, Cherubim und Seraphim umringt, wie von einem glänzenden Bienenschwarm. Der Herr schritt durch die Luft, von den westlichen Kirchentüren zur Empore, mit erhobenen Händen, und segnete die Priester und die Betenden. Dann ging er in Seine Ikone ein, die rechts vom Königstor des Altars hängt und verklärte sich. Ich, Staub und Erde, durfte den Herrn Jesus Christus schauen, ich bekam von Ihm noch einen besonderen Segen, und mein Herz war ganz erfüllt von Süßigkeit und Liebe zu Gott!«

1793 wird er zum Priester geweiht. Doch noch ein Jahr lang bis zum Tod des alten Abtes Pachomij blieb er in gehorsamer Unterwerfung im Kloster. In den Wintertagen 1794, im Zenit seines Lebens stehend, 35 Jahre alt, verläßt Serafim das Kloster und wandert durch den Schnee in eine

6 km entfernte abgeschiedene Hütte, die für die nächsten 21 Jahre seine Behausung werden sollte, die Stätte eines unerhörten Kämpfens und Siegens.

In Frankreich flammen die Gewitterblitze der Revolution und erhellen eine gespenstische Szenerie der Machtkämpfe. In den Wäldern Rußlands brennt ein geistiges Feuer, wird der Himmelsmensch aus dem Erdenmenschen herausgeglüht. Die Waage ist im Gleichmaß.

In der Einsamkeit erweiterte sich ihm das Menscheninnere zur Welt. Und dieses Innere war der Kampfplatz zwischen Engeln und Dämonen. Es konnte sein, daß er nachts sah, wie die Wände seiner Hütte verschwanden und wilde Tiere sich brüllend auf ihn stürzten. Aber der innere Herzschlag des Namens Jesu Christi hält die Zerreißprobe aus. Die Versuchungsgeschichte erweist sich als geistiges Urbild dieser Kämpfe. »Da wichen die Tiere von ihm und die Engel kamen und dienten ihm.«

Im Jahre 1801, Serafim war 42 Jahre alt, wurde er beim Holzfällen von drei Räubern überfallen, die bei ihm Schätze wähnten. Nachdem sie ihn halb totgeschlagen hatten, ließen sie ihn liegen. »Bis tief in die Nacht hinein lag der Starez bewußtlos auf der Erde. Früh am Morgen erschien er plötzlich, ganz mit Blut bedeckt, im Kloster beim Gottesdienst. Dem Verlangen des bestürzten Abtes, sich von einem Arzt behandeln zu lassen, fügte er sich aus Gehorsam. Aber vor Ermüdung und Schwäche infolge des starken Blutverlustes schlief Serafim ein, noch ehe die Ärzte kamen. Im Traum hatte er eine Erscheinung: Von der rechten Seite kam zu ihm die Muttergottes mit der Königskrone auf dem Haupt, links und rechts von ihr standen die Apostel Petrus und Johannes, wie damals in der ersten Vision. Die Himmelskönigin wandte sich seitwärts nach der Stelle hin, wo nachher die Ärzte standen, und sagte, auf den leidenden Serafim zeigend: ›Was sorgt ihr?‹ Darauf sagte sie zu den Aposteln: ›Dieser ist aus unserm Stamm!‹ – und in diesem Augenblick erwachte der Kranke. Niemand hatte bemerkt, daß er eine Vision gehabt hatte, wovon er erst viel später erzählte.«

Jede Überwindung entläßt den Menschen stärker. Der Körper jedoch wurde mit einem Zeichen von dieser Gewalttat versiegelt: Seine hohe Gestalt blieb gekrümmt, und er konnte sich nur noch mit Hilfe eines Stockes fortbewegen.

Die Arbeit am Geistesmenschen ging weiter, zum immerwährenden Herzensgebet trat eine neue Übung hinzu: das Schweigen. Durch drei Jahre trug er dieses Schweigen. Das bedeutet nicht nur den Verzicht auf das Reden. Die echte Gnosis wußte noch von dem Schweigen als einem Wesen, die Sigé, σιγη, die durch ihre Vermählung mit dem Bυτος, dem Weltengrund, die Erde erschuf. Wenn das Schweigen wesenhaft wie ein lautloses Wasser durch die Seele rinnt, dann kann der Logos dem Geiste innewohnen, das Weltenwort, dem wir entstammen.

Doch die Zurücknahme des äußeren Menschen sollte sich noch mehr vertiefen. Schon längst hatten die Mönche, die ihm Brot brachten, bemerkt, wie er bei ihrem Nahen sein Gesicht mit einem Tuch bedeckte. Das Antlitz, der stärkste Ausdruck der Persönlichkeit, wird verhüllt. Hier ist jemand, der das paulinische »nicht ich – sondern der Christus in mir« in seiner äußersten Konsequenz durchführt.

1810 begann auf diesem Wege eine neue Übung: die Klausur. Serafim kehrte ins Kloster zurück, erbat sich vom Abt den Segen und schloß sich in seine Zelle ein – für 15 Jahre. Niemand sah ihn. Aber seine Stimme war wieder hörbar. Laut las er die heilige Schrift, jeden Tag auf die Woche verteilt ein Evangelium, die Apostelbriefe und die Apostelgeschichte.

Man muß sich immer wieder die Gegensätze vor das Auge stellen. In der gleichen Zeit, als sich zum Beispiel in Goethe das Bewußtsein durchrang »höchstes Glück der Erdenkinder sei nur die Persönlichkeit« (wobei man nicht vergessen darf, daß er genau um den inneren Atemrhythmus des Menschlichen im Verselbsten und Entselbstigen wußte!), arbeitet hier ein Mensch in eiserner Selbstdisziplin an der völligen Abstreifung des individuellen Ausdrucks, schmilzt sein Ich im Feuer der Hingabe an das Christus-Ich so um, daß es endlich völlig durchlässig wird für die göttliche Liebe. Denn diese ungeheure Lebensarbeit diente ja nicht der Selbstvervollkommnung. Da sie im Dienste des Christus, des Menschenbruders getan war, führte die Liebe zu Gott notwendigerweise zur Liebe zu den Menschen. Das ist der große Unterschied zwischen außerchristlichem und christlichem Geistesstreben.

Als sich im November 1825 die Tür öffnete, war Serafim 66 Jahre alt. So vieler Jahre hatte es bedurft, um das Auge derart zu reinigen, daß es in jedem Menschen durch alle Verschattungen hindurch, das göttliche Urbild erblickte. Nun konnte er für die Seelen sorgen im Lichte des heiligen Geistes. Nun pilgerten die Menschen zu ihm. Nun empfing er sie alle. Und viele, viele erfuhren durch sein Wort, den Anblick seines leuchtenden Angesichtes die Wende ihres Lebens, konnten unter seiner Führung den heilig-heilenden Geist ergreifen und ihr Schicksal ordnen.

Seiner Obhut unterstand jetzt auch das benachbarte Diwejewo-Jungfrauenkloster. Die Errichtung der dazugehörenden Mühle offenbart wie kaum etwas anderes, daß himmlisches und irdisches Tun ineinander gebunden wird. Ganz genau bezeichnet Serafim die Stellen, an denen die Grundpfosten der Mühle in die Erde eingeschlagen werden sollten, obwohl er selbst das Gebiet dieses Klosters nie besucht hatte. Aber die Füße der Gottesmutter waren dort gewandelt, wo der Starez jetzt ein »Gräbchen« errichten ließ. Dieses »Gräbchen« jedoch wird einmal ein Wall bis zum Himmel werden, so prophezeite er. »Wenn der Antichrist auf der Erde herrschen wird, wird er das Gräbchen nicht überschreiten!« 12 Nonnen wählte er zum besonderen Dienst der Mühle aus und nannte sie seine Jungfrauen-Müllerinnen, die um die Himmelskönigin schwärmen, so wie die Bienen um ihre Königin kreisen. Jeder Besucher bekam ein Stückchen Brot, das aus dem Mehl der Mühle gebacken war.

SERAFIM VON SAROW

1759 – 1833

Kurz vor seinem Tode konnte es geschehen, daß auch andere Menschen, die zu ihm pilgerten, an seinen übersinnlichen Erlebnissen Anteil nahmen. Man sah, wie er in der Luft stand oder über der Erde ging, der Schwerkraft enthoben. Eine Nonne erlebte, wie sich die Zelle zu einer großen lichterfüllten Halle erweiterte und in mächtigem Sturmerbrausen Maria mit Johannes und Paulus zu dem Heiligen traten und mit ihm redeten. Erst nach seinem Tode durften diese Zeugen von dem Erlebten sprechen.

In der Neujahrsnacht auf das Jahr 1833 verließ sein Geist die irdische Hülle. Die Brüder beteten in der Kirche. Als man seine Zelle betrat, kniete er hingesunken mit gefalteten Händen vor der Ikone der Gottesmutter »Freude aller Freuden«. Die Flamme der niedergebrannten Kerze aber hatte das Gebetbuch auf dem Tisch in Brand gesteckt.

Jetzt begann der Pilgerstrom zu seinem Grab. Margarita Woloschin schildert in ihren Lebenserinnerungen, wie er noch am Anfang dieses Jahrhunderts unter den Menschen lebte, bald hier, bald dort erschien, wo man ihn anrief, und wie die Elemente um Sarow noch immer von seiner Gegenwart durchwoben waren:

»Welche Freude, welches Entzücken ergreift die Seele, wenn nach der Trennung vom Leibe die Engel ihr entgegen gehen und sie dem Angesicht Gottes darbringen ... Wenn ich gestorben bin, kommt zu meinem kleinen Grab! Kommt nur, wenn ihr Zeit habt, und je öfter, desto besser. Alles, was euch auf der Seele lastet, wenn es euch nicht gut geht oder ihr etwas habt, das euch betrübt – kommt zu mir und bringt euern Kummer mit an mein kleines Grab. Fallt zur Erde nieder und erzählt mir alles wie einem Lebenden, und ich werde euch hören, und dann wird euer Kummer schnell verflogen und ganz vorüber sein! Für euch lebe ich noch und werde ewiglich leben«, so redete der heilige Starez.

Rudolf Steiner sprach von ihm als einer der größten Individualitäten.

HEINRICH JUNG-STILLING

Der verborgene Mysterienhintergrund der Jahrhundertwende

Der menschliche Lebenslauf ist ein Wunder. Diese Empfindung überkommt uns wieder bei der Betrachtung des
Lebens von Jung-Stilling. Was ist das für ein Griffel, der
diese staunenswerten Runen in die Biographie eines Menschen einschreibt?

Er selbst wußte sich geführt von der göttlichen Vorsehung bis ins Detail hinein und nahm die Querschläge und
Widrigkeiten als Schickungen, im wahrsten Sinne des
Wortes, hin. Aber die fast kindliche Ergebenheit in den
göttlichen Willen ist doch durchwoben von einem kräf-
tigen Willenseinschlag der Persönlichkeit, die nahezu
traumwandlerisch und doch zielsicher jedesmal wie aus
dem Nichts heraus ein neues Wegstück erklimmt.

Was ist das für ein Mensch? Im Jahre 1801 empfängt
Stilling auf einer Reise durch die Schweiz, bei der er zahllose Blinde glücklich operiert hatte, in Winterthur durch
den Magistrat der Stadt eine silberne Medaille mit der
Inschrift: »Dem christlichen Menschenfreund Heinrich Stilling, Hofrat und Professor zu Marburg, von den
Vorstehern der Gemeinde zu einem Denkmal seines se-
gensreichen Aufenthaltes im April des Jahres 1801 und

zum Zeichen der Ehrerbietung und dankbaren Liebe ihrer Bewohner.«*

In den Jahren 1793/94 schreibt der Marburger Professor der Kameral- und Finanzwissenschaften Stilling ein Buch, »Heimweh« genannt, das den christlichen Einweihungsweg eines Menschen auf dem Hintergrund des Zeitalters schildert. Der religiöse Elan dieses Werkes ist so mitreißend, daß es ein Echo in der ganzen Welt hervorruft. Aus Amerika und Asien, Schweden und Rußland kommen die Dankesbriefe.

Schließlich wird der weithin berühmte Mann, der auch mit Kaiser Alexander in Rußland freundschaftlich verbunden ist, durch den ihm nahestehenden Herzog von Baden nach Heidelberg berufen, um frei seiner Schriftstellerei leben zu können. Ein Arzt und Gelehrter also?

Johann-Heinrich Jung-Stilling – dieser Name hatte einen ehrfurchtgebietenden Klang bei den Menschen gewonnen. Unzähligen Blinden hatte er durch seine Staroperationen, für die er kein Geld nahm, das Augenlicht wiedergeschenkt. Die Semesterferien benützte der Professor für Nationalökonomie zu Reisen, um Blinde zu heilen, aber auch um Fürstenhäuser zu besuchen, um überall die Fäden eines geistigen Ordens zu knüpfen. Aus einem fast manichäischen Impuls heraus wollte er den dunklen Eruptionen der französischen Revolution die weiße Magie eines christlichen Weltbundes gegenüberstellen.

* Dies und alle folgenden Zitate aus: Johann-Heinrich Jung-Stilling: »Lebensgeschichte«, Leipzig o. J.

Überblickt man das gewaltige Lebenswerk, so wird die Frage immer drängender, wer war dieser Mann, der als Wissenschaftler, Arzt und Begründer einer weithin wirkenden religiösen Erweckungsbewegung wie ein heller Stern am Himmel der Jahrhundertwende leuchtete?

Wir verdanken Goethe, der Stilling aus der Straßburger Studentenzeit herzlich zugetan war, die Drucklegung seiner Kindheits- und Jugendgeschichte, die uns wie ein Märchen anmutet.

Was für ein mühseliger Weg voller Widrigkeiten und Verzweiflungen, bis sich dies Menschenkind aus den armseligsten Verhältnissen im Siegener Land zu seiner Bestimmung herausgearbeitet hat! Aber jedes Hindernis erweist sich dem rückschauenden Blick als notwendig.

Die Kinderjahre sind von einer Traum-Wolke nahezu verhüllt. Der Knabe, der am 12. September im Jahr 1740 in Grund im Siegener Land geboren wurde, war der einzige Sohn eines Dörflers, der sich als Bauer, Schulmeister und Schneider gerade das tägliche Brot verdiente. Aber in den ärmlichen Verhältnissen dieser Köhlerfamilie blühte der Reichtum einer starken Frömmigkeit, die bei dem Großvater Stilling bis zu Schauungen führte. Die Mutter starb bald nach der Geburt. Der Vater Wilhelm zog das Kind ganz in seine nur von religiösem Trost erfüllte Einsamkeit hinein. So kam es, daß er bis zum siebenten Lebensjahr noch mit keinem Kind gespielt hatte, die Bibel aber besser kannte als der Herr Pfarrer! Lachen sah man den Knaben selten, der mehr in der Welt der Religion und der

Heldensagen zuhause war als unter Menschen. Auf die Frage eines Nachbarn »Kannst Du schon lesen?« folgte die prompte Antwort »Welch dumme Frage, ich bin ja ein Mensch!« – der gerade acht Jahre zählte.

Die fast alttestamentarische Strenge dieser Erziehung wird aufgelichtet durch die Güte und Weisheit des Großvaters. Dieser einfache Kohlenbrenner hatte sich in der Einsamkeit der Wälder eine Art Ur-Wissen erworben und wurde überall hoch verehrt. Mit heiterer Gelassenheit ging er bewußt auf seinen Tod zu, nachdem er seine verstorbene Schwiegertochter in einer himmlischen Landschaft geschaut hatte. »Kinder, ich sterbe bald – wie freue ich mich!«

Der mit Allgewalt in seinem Sprengel herrschende Pastor befahl, daß Heinrich neben der Schneiderlehre in die Lateinschule in Hilchenbach gehen sollte. Er war es auch, der den vierzehneinhalbjährigen Jungen zum Schulmeister in einem Nachbardorf bestellte. Damit war sein Glück zunächst vollkommen. Die Wege nach Lützel und zurück gestalteten sich zu Traumwanderungen, auf denen sich ihm die Zukunft in den erhabensten Bildern malte. Zugleich empfing sein offenes Gemüt die lebhaftesten Eindrücke dieser ganz durchseelten Landschaft.

Die Kinder liebten ihren jungen Lehrer, wußte er ihnen nächst der Bibel doch so wunderbare Geschichten zu erzählen, wie die schöne Magelone, Kaiser Oktavian usw., und sogar die Kunde von der Eroberung von Troja drang in das Siegener Waldland. Denn in den freien Stunden las und las der Schulmeister, daß man wohl sagen kann: Die Bücher waren seine Nahrung. Ob wohl Homer jemals mit solcher Leidenschaft verschlungen wurde? oder die Schriften des Paracelsus und Jakob Böhmes?

Doch das Glück sollte nicht lange währen. Mit der gleichen Herrschergebärde, mit der ihn der Pastor ins Amt berufen hatte, entzog er es ihm auch wieder. Der Winter daheim auf dem Schneiderschemel fiel dem lesehungrigen Heinrich schwer. Die nächsten sieben Jahre sind ausgefüllt mit dem fortwährenden Ringen, vom ungeliebten Schneiderhandwerk loszukommen und als Lehrer selbst weiter zu lernen. Aber es ging nicht überall so gut wie in Lützel. Bereits damals war das Maß der Demütigungen und Verhöhnungen so übervoll, daß er manchmal verzweifelte. Einmal kam der 16jährige Schulmeister bei einem tölpelhaften Bauernstreich gerade noch mit dem Leben davon.

Zu Hause verengten sich die Verhältnisse immer mehr. Vater Wilhelm heiratete zum zweiten Mal, und der unnütze Esser wurde allmählich lästig, zumal er noch nicht einmal für die Feldarbeit und zum Dreschen tauglich war. Natürlich konnten die bäuerlichen Verwandten seinen ständigen Wissensdurst nur als eitlen Ehrgeiz verstehen.

Im 21. Jahr knoteten sich die Widrigkeiten derart, daß Stilling beschloß, die Heimat zu verlassen. Ein voraufgegangener Streit mit dem Vater hatte die Not aufs höchste gesteigert. »Einsmals kam er nach Hause. Er hatte auf einem benachbarten Dorf gearbeitet und wollte etwas holen; er dachte an nichts Widriges und trat deswegen freimütig in die Stube. Sein Vater sprang auf, sobald er ihn sahe, griff ihn und wollte ihn zur Erde werfen; Stilling aber ergriff seinen Vater an beiden Armen, hielt ihn so, daß er sich nicht regen konnte und sah ihm mit einer Miene ins Gesicht, die einen Felsen hätte spalten können. Und wahrlich! wenn er jemalen die Macht der Leiden in all ihrer Kraft auf sein Herz hat stürmen sehen, so war es in diesem Zeitpunkte. Wilhelm konnte diesen Blick nicht ertragen – er suchte sich loszureißen; allein er konnte sich nicht regen; die Arme seines Sohnes waren fest wie Stahl und konvulsivisch geschlossen. ›Vater!‹ sprach er sanftmütig und durchdringend, ›Vater! – Euer Blut fleußt in meinen Adern, und das Blut – das Blut eines seligen Engels – reizt mich nicht zur Wut! ich verehre Euch – ich lieb Euch – aber‹ – hier ließ er seinen Vater los, sprang gegen das Fenster und rief: ›Ich möchte schreien, daß die Erdkugel an ihrer Achse bebte und die Sterne zitterten.‹ – Nun trat er seinem Vater wieder näher und sprach mit sanfter Stimme: ›Vater, was hab ich getan, was strafwürdig ist?‹ Wilhelm hielt beide Hände vors Gesicht, schluchzte und weinte. Stilling aber ging in einen abgelegenen Winkel des Hauses und heulte laut.«

Jetzt beginnen die Wanderjahre auf dem schmalen Gratweg des reinen Gottvertrauens. Wie oft steht er vor dem Nichts und weiß nicht, wovon er den nächsten Tag leben soll! Dem erinnernden Blick Stillings scheint es, daß es jedesmal eine unmittelbare Gebetserhörung war, wenn er am anderen Morgen doch wieder einen Schneidermeister fand, der ihn als Gesellen nahm, oder wenn sich sogar eine Stelle als Lehrer und Erzieher anbot. Doch da gerade diese Versuche, als Lehrer seiner höheren Berufung zu folgen, fehlschlugen, faßte er endlich den Entschluß, diesem eitlen Hochmut gänzlich zu entsagen und sich mit dem Handwerk zu bescheiden. Dies fiel ihm um so leichter, als er in Solingen und in Rade vorm Walde eine Bruderschaft frommer Menschen fand, in der er sich innerlich beheimatet fühlte.

Wie es jedoch oft im Leben ist, daß eine Hoffnung erst einmal ganz durch den Nullpunkt gegangen sein muß, um sich dann erfüllen zu können, so war es auch hier. Als Hausschneider kam Stilling für – wie er meinte – einige Wochen zu einem Kaufmann, der viele Güter, u. a. auch sieben Eisenhämmer besaß. Dieser Mann sah, daß hier ein Mensch in einer falschen Haut steckte. Nicht nur, daß er es ihm abrang, sich noch einmal als Hauslehrer für seine Kinder zur Verfügung zu stellen – er bezahlte ihm vorher noch einen französischen Sprachkurs (den Stilling perfekt in kürzester Zeit absolvierte!) und übertrug ihm später noch einen Teil seiner Handelsgeschäfte und die Verwaltung von drei Eisenhämmern.

Nun eröffnete sich ihm miteins ein neuer Weg in die Zukunft. Später sagte er wohl: »Das Haus vom Herrn Flender war meine Akademie, wo ich Ökonomie, Landwirtschaft und Kommerzienwesen von Grund auf studieren konnte.« Wie oft hatte man ihn einen religiösen Schwärmer gescholten! Jetzt wurde er erdentüchtig, ohne jedoch die geistigen Interessen dabei zu vernachlässigen. Das Studium von Klopstock, Leibniz und Milton gehörte genauso zum Tagespensum wie die Verwaltung und der Unterricht.

So hätte es eigentlich weitergehen können; hatte er nicht gefunden, was er suchte? Wer oder was treibt ihn zu immer neuen Aufschwüngen? – Stilling ist 28 Jahre alt, als ihn plötzlich beim Lesen einer pietistischen Schrift das griechische Wort *Eilikrineia* (d.h. Reinheit) wie mit einem Zauberstab anrührt und ihm die Tür zu einem neuen Lebensbereich öffnet. In wenigen Wochen hat er die griechische Sprache erlernt und – als könne es gar nicht anders sein – schließt sich das Studium des Hebräischen gleich an. Wozu eigentlich? Er weiß es selbst nicht. Herr Flender jedoch, der alles schweigend mit angesehen hat, steht eines Tages vor ihm und sagt: »Mir fällt auf einmal an, was Ihr tun sollt. Ihr müßt Medizin studieren!« Wie ein Blitz durchfährt es seine Seele: Ja, das ist's, was ich immer gewollt habe! Wo die Mittel herkommen sollten, das überließ er der göttlichen Vorsehung.

Umgehend beginnt er mit dem Selbststudium. Solch ein Entschluß gibt dem Lebensschiff eine neue Fahrtrichtung, und andersartige Möglichkeiten werden einem plötzlich zugespielt. So will es der »Zufall«, daß er bei einem Besuch in der Heimat einen alten katholischen Pfarrer kennenlernt, der als begnadeter Augenarzt weithin berühmt ist. Nun hatte er in einem Manuskript all sein Wissen und seine Geheimnisse niedergelegt, um sie jemandem zu vermachen, der ein ordentliches Medizinstudium beginnen wollte und auch gelobte, Notleidende später umsonst zu operieren.

Hunderten sollte Jung-Stilling später das Augenlicht wiederschenken, dank dieses Vermächtnisses, das dem damals noch ahnungslosen jungen Mann wie durch göttliche Fügung zuteil wurde.

Sein Gönner, Herr Flender, hatte seine bestimmten Pläne mit ihm. Ist es undankbar (und natürlich auch in finanzieller Hinsicht höchst unbesonnen), wenn der angehende Medizinstudent sich von der Familie, der er so vieles verdankt, just in diesem Augenblick abstößt? Sicherlich bleibt da ein Rest; aber von jetzt ab muß er in Unabhängigkeit und Freiheit seinen Weg gehen.

Von außen her gesehen, muten die nächsten Lebensschritte unvernünftig an: die Trennung von Herrn Flender, die Freundschaft mit einem pietistischen Glaubensbruder und das Verlöbnis mit dessen kranker Tochter. Warum in aller Welt muß er sich diese schwere Lebenslast noch selbst in den Weg legen? Verliebtheit war es keineswegs, eher Einfältigkeit, wenn er sich am Krankenbett, einer plötzlichen inneren Eingebung folgend, mit der Epileptikerin versprach. Oder war es das Austragen eines alten Schicksals aus früheren Leben? Wer weiß das? Mit Macht schreitet der Genius des nun Dreißigjährigen vorwärts und führt ihn dorthin, wohin er jetzt muß, im Irdischen nur gestützt auf die eine feste Säule des unbedingten Gottvertrauens. So wird das Unmögliche möglich: ein

Studium in Straßburg, praktisch ohne Geld! Es grenzt in der Tat ans Wunderbare, wenn wir in Stillings Selbstbiographie immer wieder von den Hilfen in äußerster Not hören, von ihm selbst jedesmal als unmittelbare Gebetserhörung erlebt. Braucht dieser mächtige Geistesheros, der sich im Gewand der frommen Einfalt verhüllte, die Sorgengewichte um das tägliche Brot, mit denen er sein ganzes Leben behaftet blieb?

Wie dem auch sei, eines wird in diesem merkwürdigen Lebenslauf sichtbar: Ziele lassen sich verwirklichen, wenn man nur gehörig genug an sie glaubt.

Daß sein Studiengang glänzend war, er die Examina mit Auszeichnung bestand, versteht sich von selbst. Die Freundschaft mit Goethe und Herder, Lenz und Lerse, mit denen er den gleichen Mittagstisch teilte, befreite seinen Geist in eine größere Weite. Während einer abenteuerlichen Rheinfahrt wurde Lavater auf die Physiognomie dieses jungen Menschen aufmerksam. Auf eine Frage hin antwortete Stilling: »Ich bin ein Sohn der Vorsehung, ohne ihre wunderbare Leitung wäre ich entweder ein Schneider oder Kohlenbrenner.«

Trotz glänzender Promotion stand über den nächsten sechs Jahren kein guter Stern. Stilling hatte sich in Elberfeld als Arzt niedergelassen. Aber das war damals ein hartes Brot. Kranke kamen wohl, aber sie konnten nicht bezahlen. Seine Frau Christine war krank und vermochte nicht zu wirtschaften. So wurde der Schuldenturm höher und höher. Mit den Augenoperationen hatte er wohl eine glückliche Hand, aber sie brachten kein Geld und riefen neidische Ränkespiele und Gehässigkeiten auf den Plan. Wenn er jedoch Mittwoch abends in einer geschlossenen Männergesellschaft eine Vorlesung über Physik halten durfte, fühlte er sich im Einklang mit sich selbst. Da ging ihm das Herz auf, wenn er lehren und sein Wissen weitergeben konnte.

Der Gipfel der Bosheit war erreicht, als man den siebenunddreißigjährigen redlichen Arzt der Betrügerei und der Geisteskrankheit verdächtigte. Was half's, daß er alle Anwürfe widerlegen konnte! Es war seines Bleibens in Elberfeld nicht länger. Wieder muß die Not aufs höchste gestiegen sein, bis die Hilfe kommt.

Goethe hat insgeheim Stillings Kindheits- und Jugendgeschichte drucken lassen, und der Ertrag kann die ärgste Schuldenlast tilgen. Und gleichzeitig kommt die Anfrage, ob er nicht Lust habe, seine früher erworbenen Fertigkeiten als Verwalter der Eisenhämmer an der Kameralakademie in Kaiserslautern anzuwenden als Professor der Technologie und Landwirtschaftskunde.

Abermals wird eine neue Seite im Schicksalsbuch aufgeschlagen. Durch wieviel Berufe hat man zu gehen, bis man bei sich selbst angekommen ist? und wie werden die Umwege in den Weg eingeholt? – Einen gewissen Höhepunkt erreicht diese Tätigkeit beim 400jährigen Jubiläum der Heidelberger Universität im Jahre 1786. Stilling war ein mitreißender Redner. Nach vielen lateinischen Ansprachen ergriff er in deutscher Sprache das Wort, als Vertreter der staatswirtschaftlichen hohen Schule. Der Funke sprang über, und als er geendet hatte, brach ein Jubelsturm los. Dies war wohl der Anlaß, daß der Landgraf von Hessen ihn im nächsten Jahr an die Marburger Universität berief als Lehrer der Ökonomie und Finanzwissenschaften.

Müssen Religion und praktisches Leben einander ausschließen? Oder beginnt jetzt die Epoche, in der Menschen wie Jung-Stilling durch den zupackenden Enthusiasmus ihres tätigen Christentums die Zeit vorbereiten, von der Rudolf Steiner später sagt: »Die Sprache des Christus im 20. Jahrhundert wird sein die Sprache des praktischen Lebens?«

Er selbst mochte wohl meinen, nun mit 47 Jahren den Gipfel seines Lebens erklommen zu haben. Nach dem Tode seiner ersten Frau hatte eine neue Verbindung nun auch der wachsenden Familie Glück gebracht. Er schreibt seine großen Bücher der Finanz- und Staatswirtschaft. Und selbstverständlich vollzieht er Augenoperationen, wo er gerufen wird. Dennoch hatte sein Genius sich schon weiter emporgeflügelt.

Es kommt die Zeit der Französischen Revolution. Mit wachem Blick beobachtet er die politischen Entwicklungen. Aber ebenso wach lebt er in der Welt des Neuen Testamentes, vor allem, als ein Nachfahre Johann Albrecht Bengels, in den Bildern der Apokalypse. Er erhält Kunde von dunklen Geheimbünden, die die Ereignisse in Frankreich hintergründig begleiten. Die Zeitenwende spiegelt sich ihm in den Gesichten der Apokalypse.

Man kann nicht behaupten, daß Stilling einen christlichen Geheimbund habe gründen wollen. Tatsächlich ist aber durch sein Buch »Heimweh« so etwas entstanden, und zwar vornehmlich in den Kreisen des Adels, wie ein geheimer Orden, in den die Kräfte eines geistigen Liebesimpulses hereinwirken konnten, als inneres Gegengewicht gegen die Marstendenzen der Zeit.

Der Lebens- und Einweihungsweg eines Menschen wird geschildert, der – vom Heimweh nach der göttlichen Welt gezogen – durch Prüfungen von Stufe zu Stufe geführt wird, bis er endlich im Heiligen Lande zum Fürsten eines Sonnenstaates auf der Erde ernannt werden kann.

»Der Gemütszustand, in welchen Stilling während dem Ausarbeiten dieses, vier großen Oktavbände starken, Buchs versetzt wurde, ist schlechterdings unbeschreiblich; sein Geist war wie in ätherische Kreise emporgehoben; ihn durchwehte ein Geist der Ruhe und des Friedens, und er genoß eine Wonne, die mit Worten nicht beschrieben werden kann. Wenn er anfing zu arbeiten, so strahlten Ideen seiner Seele vorüber, die ihn so belebten, daß er kaum so schnell schreiben konnte, als es der Ideengang erforderte; daher kam es auch, daß das ganze Werk eine ganz andere Gestalt, und die Dichtung eine ganz andere Tendenz bekam, als er sie sich im Anfang gedacht hatte.

Hierzu kam nun noch eine sonderbare Erscheinung: in dem Zustande zwischen Schlafen und Wachen stellten sich seinem inneren Sinn ganz überirdisch schöne, gleichsam paradisische Landschaftsaussichten vor – er versuchte sie zu zeichnen, aber das war unmöglich. Mit dieser Vorstellung war dann allemal ein Gefühl verbunden, gegen welches alle sinnlichen Vergnügen wie nichts zu achten sind – es war eine selige Zeit! – Dieser Zustand dauerte genau so lang, als Stilling am Heimweh schrieb, nämlich vom August 1793 bis in den Dezember 1794, also volle Fünfvierteljahr.«

Heute weiß man als historisch gesicherten Tatbestand, daß die Freimaurer einen unheilvollen Einfluß auf den Ablauf der Französischen Revolution gehabt haben, indem sie die geistige Stoßkraft der drei Ideale von Freiheit, Gleichheit und Brüderlichkeit abfingen und ihnen eine falsche Richtung gaben. Aus den Mitgliedern des Großorients* von Frankreich, der im Jahre 1789 seine 629 Logen umfaßte, rekrutierte sich die Mehrzahl der Revolutionäre. Das Jakobinerkloster war das Zentrum aller Freimaurerei in Paris. Allerdings waren das Logen, die von ihren guten Geistern bereits verlassen waren und so zum Werkzeug dunkler Mächte werden konnten.

Jedes Zeitalter hat seinen Dämon und seinen Genius. In den Trägern des sogenannten deutschen Idealismus fand der Genius dieser Zeitenwende u.a. ein geeignetes Organ, um das spirituelle Gegengewicht gegen die dunklen Machenschaften zu schaffen. Das mit klugem Scharfsinn gepaarte fromme Gemüt von Heinrich Jung-Stilling war der rechte Herzensgrund, um die mystische Schau des wahren Bruderbundes darin einzusenken. So kam es, daß der

* Geheimbund.

HEINRICH JUNG-STILLING

1740-1817

im »Heimweh« geschilderte Einweihungsweg zum Heil des Menschheitsganzen in den dafür bereiten Seelen sofort ein Feuer entzündete – und zwar über die Erde hin. Aus dem armen Schneiderbub war nach einem unsäglich schweren Lebensweg der Führer einer Erweckungsbewegung mit Mysterienhintergrund geworden.

Es ist faszinierend zu sehen, wie die einander Zugehörenden sich über alle Räume hinweg treffen, und sei es nur für Momente! Stilling, der Freund Goethes, begegnet auf seinen Reisen Pestalozzi, dem jungen Justinus Kerner, hat ein Gespräch mit Oberlins Sohn und Juliane von Krüdener; dieses seltsame Mittlergeschöpf stellt die Verbindung zu Kaiser Alexander von Rußland her, dem Stifter der Heiligen Allianz.

Nun wird Stilling, zunächst auf die Semesterferien beschränkt, der große Reisende. An wie vielen Fürstenhöfen will man diesen Mann sehen und sprechen, der in der von ihm gegründeten Zeitschrift »Der graue Mann« die Motive des »Heimwehs« kontinuierlich fortsetzt. Er unternimmt jedoch keine Reise, wenn er nicht unterwegs, seinem Gelübde treu, Blinde operieren kann. So erfüllt sich seine Mission im doppelten Sinn als Augenöffner. Selbstverständlich macht das Leben der Brüdergemeinde in Herrnhut einen starken Eindruck auf ihn, als sei hier eine Vorspiegelung des zukünftigen christlichen Bruderbundes zu finden.

Auch die Professur in Marburg ist für den längst Weitergewanderten zur Fessel geworden; mit 63 Jahren darf er sie endlich abwerfen und wird von dem ihm befreundeten Herzog von Baden als freier religiöser Schriftsteller zunächst nach Heidelberg und dann nach Karlsruhe berufen.

Als er hochbetagt mit 77 Jahren stirbt, empfangen seine Freunde und Angehörigen von ihm einen so starken religiösen Eindruck, daß sein Schwiegervater sagt: »Christus hatte in ihm Gestalt gewonnen.« Er, der viele spirituelle Offenbarungen in seinem Leben erhalten hatte, vollzog den Schwellenübergang in der Karwoche 1817 wie ein Ritual. Genau beschreibt er den Herausgang des Doppelgängers vor dem Tod: »Hört, ich muß euch etwas Wichtiges sagen, was zur Seelenkunde gehört; ich habe das Gefühl, als wenn ich ein doppeltes Ich hätte, ein geistiges und ein leibliches. Das geistige Ich schwebt über dem tierischen ...« Und Tage später gewahrt er, wie das niedere Ich aus ihm herausgegangen ist und sieht es in der Zimmerecke als schwarze Gestalt stehen.

»Mittwochs, den 2. April, des Morgens gegen 4 Uhr, als er fühlte, daß sein Ende herannahe und er hingehe zum Vater; – als er sich zu einer allerletzten heiligen Handlung stark genug wußte, versammelte er uns alle um sich her, und nachdem er uns in seiner gewöhnlichen Güte gefragt, ob wir nichts gegen sein jetziges Vorhaben hätten und er unser Wohlgefallen und Dank für ebendasselbe erfahren hatte, ließ er uns knien, entblößte sein Haupt, faltete die Hände und mit aller Kraft des Geistes und des Glaubens, welches sich in seiner Stimme nochmals ausdrückte, betete er ohngefähr also: ›Du, der du am Kreuz dein Blut für uns gabst und Tod und Hölle überwandest, der auch da seinen Feinden verzieh, du göttlicher Versöhner! vergib uns auch jetzt, wenn wir uns unterwinden, hier etwas vorzunehmen in unserer Schwachheit, was wir uns sonst nicht unterstehen würden.‹

Alsbald nahm er den Teller, worauf er das Brot in Stükken gebrochen hatte, hielt zwei und zwei Finger kreuzweise darüber, sprach die gewöhnlichen Einsetzungsworte und fuhr fort: ›Und du, o Herr, segne auch diese Speise!‹ Darauf sagte er: ›Nehmet hin und esset, das ist sein Leib, der für unsere Sünden in den Tod gegeben worden!‹

Und somit nahmen wir, im Geiste ergriffen, von der hohen Würde des christlichen Greises, der noch auf dem Sterbebett mit den Seinen den Bund der Liebe feierte, das heilige Mahl. Und nachdem er den Wunsch geäußert: ›Wenn doch jetzt auch unsere Heidelberger Kinder hier wären!‹ nahm er auch seinen gewöhnlichen Becher als Kelch, legte ebenfalls seine Hände kreuzweise darüber und dankete und sprach nach den Einsetzungsworten: ›Trinket alle daraus, das ist der Kelch des Neuen Testaments in seinem Blute, welches für euch und für viele, und am Ende für alle vergossen worden ist zur Vergebung der Sünden!‹ Und als er zuletzt genommen, streckte er seine Hände zum Segen aus und rief: ›Der Herr sei mit euch!‹

Und nachdem er diese feierliche erhabene Handlung, welche er ohne Not, der Ordnung wegen, nicht unternommen hätte, nach rein evangelischen Grundsätzen als christlicher Patriarch auf dem Sterbebette beendiget, legte er sich zum Schlummer nieder, und es zeigte sich auf seinem schon damals verklärten Antlitze des Glaubenshelden erhabener Seelenfriede.«

Kurze Zeit darauf ging er heim zu Christus, den er wie einen persönlichen Freund liebte.

Einer, der in Demut und Geistesgröße überwunden hat und von dessen Überwindung ein Licht in die Erdenwelt strahlt.

FRIEDRICH HÖLDERLIN

»Was bleibt aber stiften die Dichter«

Heute macht sich in einer höheren Region als der der Jubi-
läen und Festreden eine neue, andersartige Nähe zu dem
Genius Hölderlins bemerkbar. War es zu Beginn des Jahrhunderts zumeist die Begeisterung für den hymnischen
Schwung, den Griechentraum des Jünglings, der viele Seelen mitriß, so zeigt sich nun eine viel stärkere Betroffenheit
durch die rätselhaften Gesänge des späten Hölderlin, dessen Geist schon in andere Bereiche hinein entrückt war.
Die Worte, die wie schwere Tropfen oder wie Blitze gar
aus dem Gewölk der Gesichte herniederfallen, sind so ge-
heimnisträchtig und voll des Wissens, daß sie dem Lau-
schenden einen Seinsbereich erschließen, der sich gerade
jetzt als der Existenz notwendig erweist. Die Rune dieses
Lebens läßt sich nicht leicht entziffern.

Die eigentliche Biographie Hölderlins verläuft nicht im
Irdischen. Was sich hier festhalten läßt, sind nur Spuren im
Sand. »Der Wind weht, wo er will. Du hörest sein Sausen
wohl, aber du weißt nicht, von wannen er kommt, noch
wohin er geht. Also ist ein jeder, der aus dem Geiste geboren ist« (Joh. 3). – Die Biographie Hölderlins muß man
im Geistigen suchen. Das Äußere ist rasch erzählt.

Der Vater starb dem am 20. März 1770 in Lauffen gebo-
renen Kinde bald hinweg. Zwar wurde ihm für wenige
Jahre in Christoph Gok ein gütiger Stiefvater geschenkt,
doch bereits 1779 starb auch dieser. Seine und der Geschwister Erziehung lag in den Händen der Mutter. Lateinschule
in Nürtingen, 1784 Konfirmation in der Stadtkirche in
Nürtingen, das sind die ersten Stationen. Noch im gleichen
Jahr siedelt er in die Klosterschule nach Denkendorf über.
Es beginnt der für unbemittelte junge Menschen einzig
mögliche Studiengang von Denkendorf über die Klosterschule in Maulbronn in das Tübinger Stift, der dem Sti-
pendiaten aber eigentlich nur die geistliche Laufbahn eines
Pfarrers eröffnete.

Im Gerippe dieser äußeren Daten reift das eigentliche
Leben. Die beseelte, von Geistbildern gesättigte schwäbi-
sche Landschaft nährt den Genius.

> »Ich verstand die Stille des Äthers,
>   Des Menschen Worte verstand ich nie.
>   Mich erzog der Wohllaut
>   des säuselnden Hains,
>   Und lieben lernt ich
>   Unter Blumen.
>   Im Arme der Götter wuchs ich groß.«

Das ist keine Poesie, sondern Beschreibung der Wirklichkeit, für die er freilich noch keine Begriffe hat. Die
erbilden sich ihm erst später, zusammen mit Hegel und
Schelling im Tübinger Stift. Zwar sollte er Theologie dort

lernen, aber die geistige Begegnung mit Hellas, das Wiederfinden der griechischen Götterwelt füllte seine Seele völlig aus.

Die Gottdurchdrungenheit der Elemente, so wie die Griechen sie in vorchristlicher Zeit erfahren hatten, ist auch sein kindliches Erleben gewesen. Das war wie eingeboren.

Sein Hellastraum hat sich nicht an irgendwelchen äußeren Erfahrungen entzündet, ist auch nicht aus einem Bildungsstreben heraus zu erklären; er ist letztlich nur als Einwirkung aus dem *Vorgeburtlichen* her zu verstehen. Ihm ist das griechische Sein bekannt von weither, er lebt den Griechentraum wachend mit so ausschließlicher Hingabe seines Herzens, daß dieser ihn endlich verzehrt. »Griechenland trägt die Farbe seines Herzens« (Hyperion).

Dreißig Jahre bevor der griechische Befreiungskampf stattfand, längst ehe die Archäologen mit ihren Ausgrabungen das Dasein der Tempelwelt bestätigten, war in dem Geiste Hölderlins und mancher anderen das geistige Griechenland wieder aufgestiegen.

Sollte es nicht möglich sein, den Zustand des Einklangs zwischen der Welt der Ideale und der Ordnung des täglichen Lebens wieder herzustellen? Die Französische Revolution schien es zu verheißen. So wird voller Begeisterung unter dem Gesang der Marseillaise der Freiheitsbaum auf dem Tübinger Marktplatz aufgepflanzt. Daraus ein politisches Engagement Hölderlins herleiten zu wollen, ihn als Jakobiner festzulegen, heißt allerdings doch, sein eigentliches Lebensanliegen gründlich verkennen. Was er vom Staate hielt, sagt sein Brief an Landauer 1801: »Was mich vorzüglich bei demselben freut, ist, daß mit ihm die politischen Verhältnisse und Mißverhältnisse überhaupt die überwichtige Rolle ausgespielt und einen guten Anfang gemacht haben zu der Einfalt, welche ihnen eigen ist; am Ende ist es doch wahr, je weniger der Mensch vom Staat erfährt und weiß, die Form sei, wie sie will, um desto freier ist er. Es ist überall ein notwendig Übel, Zwangsgesetze und Exekutoren desselben haben zu müssen. Ich denke, mit Krieg und Revolution hört auch jener Boreas, der Geist des Neides, auf, und eine schönere Geselligkeit, als nur die ehernbürgerliche mag reifen!«

Da trifft das Losungswort, das zwischen Hölderlin und Hegel bestand, »das Reich Gottes«, schon eher die innerste Saite seines Wesens. Aber weder in Tübingen, noch dann in Jena, in der Nähe von Schiller, Fichte und Goethe, wollte eine rechte Beheimatung gelingen.

Wie konnte dieser Jüngling verehren! Mit welch begeisterter Bewunderung hing er an Schiller, der ihn zunächst auch gütig und hilfreich ermutigte. Über der Begegnung mit Goethe in Schillers Haus stand kein guter Stern. Hölderlin erkannte den Fremden nicht, der ziemlich schweigsam im Hintergrunde saß, und so blieben seine Antworten auf dessen Fragen unwirsch. Erst hernach berichtete man ihm: Goethe war bei Schiller! Diese Gestirne konnten sich nicht begegnen. – Merkwürdiger Gedanke, sich das Bild auszumalen, wie Hölderlin in den Vorlesungen Fichtes saß!

Fichte und Schiller fragen, ob die Freiheit und Göttlichkeit des menschlichen Ich ein Unterworfensein unter das notwendige Schicksalsgesetz dulden, und fanden im Geist und Willen des Menschen eine allen Mächten trotzende, überlegene Kraft. Hölderlin kennt keinen Kampf mit dem Schicksal, es gibt nur ein Erleiden des von Gott Verhängten. »Denn unverständig ist das Wünschen vor dem Schicksal!« Die Kraft, die dem Schicksal gewachsen ist, liegt allein im Innern des Menschen; da das bei Hölderlin am zerstörbarsten war, mußte er sich erbarmungslos geworfen fühlen.

Sein Lebenssehnen galt einer göttlichen Welt, die ihn schützend umfinge, in der er untertauchen und sich geborgen fühlen dürfe. Daraus ist seine große Entfernung vom Idealismus zu verstehen, die den Charakter einer Selbstrettung hat. Dort erwächst den Menschen aus dem Inneren, aus dem Ich eine Welt, die sie erkennend und denkend erfassen konnten. Was ich erkennen und denken kann, vor dessen unterirdischem Zugriff bin ich auch geschützt.

Hölderlin strömt die Flut der Götterkräfte ungeschützt durch das Herz. Vor ihr war kein Bleiben, nur ein reißendes Hinab. Das für den heutigen Menschen gültige, sozusagen erlaubte Erlebnisorgan fehlt ihm. Das Fehlen des Ichbewußtseins bringt eine völlige Verschiebung in der Stellung Hölderlins zu den Zeitproblemen mit sich. Wurden sie im Idealismus, in der Klassik und Romantik vom Kernpunkt des Menschen aus angegriffen, so daß sich die Lösung der Fragen immer um ein sicheres Zentrum legte, so ergriffen sie bei Hölderlin bedingungslos den ganzen Menschen. Er *lebt* sie und muß sie in sich unter Schmerzen austragen. Er spürt die Lebensmächte dämonischer und göttlicher Art in sich selbst und ist ihrer tödlichen Gefahr ausgesetzt, wo die anderen ein Gegengewicht in ihrem Ich haben, das sie von vornherein alles anders ansehen und ergreifen läßt.

> »Und daß doch mir zu retten mein sterblich Herz,
> Wie andern eine bleibende Stätte sei
> Und heimatlos die Seele mir nicht
> Über das Leben hinweg sich sehne,
> Sei du, Gesang mein freundlich Asyl!«

(Mein Eigentum)

Diese rührende, hilflose Bitte um *Bleiben* tönt uns immer wieder entgegen, und meist im Zusammenhang mit dem Herzen, ist es doch das einzige Organ, wodurch er sich fühlt und bewußt wird auf Erden! »Darum ihr Gütigen! umgebet mich leicht, damit ich bleiben möge«, oder er bittet den Frieden: »Mit deiner Liebe komm und gib ein Bleiben im Leben, ein Herz uns wieder.«

So war er überall ein flüchtiger Gast! Nur die drei Jahre in Frankfurt als Hauslehrer beim Bankier Gontard gaben ihm »Bleibe«: In Susette Gontard traf er seine Diotima. Da fand seine Entelechie den Lebensraum, der sie zu halten vermochte.

Hölderlin an Neuffer: »Ich bin in einer neuen Welt. Ich konnte wohl sonst glauben, ich wisse, was schön und gut sei, aber seit ich's sehe, möcht ich lachen über all mein Wissen. Lieber Freund! Es gibt ein Wesen auf der Welt, woran mein Geist Jahrtausende verweilen kann und wird, und dann noch sehn, wie schülerhaft all unser Denken und Verstehen vor der Natur sich gegenüber findet. Lieblichkeit und Hoheit, und Ruh und Leben, und Geist und Gemüth und Gestalt ist Ein seeliges Eins in diesem Wesen.«

In dieser neuen Welt kann »Hyperion« geschrieben werden. Die Motive dieses Romans gehen bis in die Tübinger Studienjahre zurück. Auch das Urbild der Frauengestalt, damals noch Melite genannt, sehen wir dort. Jetzt findet er die Verwirklichung des geistig Erschauten im Leben. »Nicht wahr –, eine Griechin!« ruft er seinem Freund zu. Man muß die Widmung mit eigenen Augen lesen, die er in ihr Exemplar des »Hyperion« hineinschrieb: »Wem sonst – als *Dir*«, um zu fühlen: ja, es war ihrer Beider Leben. Wie muß es Susette berührt haben, daß er sie in diesem Roman so früh sterben läßt! Nicht ahnend, daß das Schicksal diese Rune nur zu bald erfüllen werde. Wie es überhaupt möglich war, daß ein Mensch, der nie griechischen Boden betreten hatte, bis ins Detail hinein sich in diesem Lande auskannte – es ist ein Geheimnis.

»Aber wir, zufrieden gesellt, wie die liebenden Schwäne,

    . . . .

Ruhig lächelten wir, fühlten den eigenen Gott
Unter trautem Gespräch in einem Seelengesange.«

(Menons Klagen um Diotima)

Solange Diotima ihn schützte, war er dem reißenden Strom der Zeit noch nicht so wehrlos ausgeliefert wie später. Sie konnte ihm, der kein Bleiben im Leben kannte, eine Weile in der Liebe eine Heimat geben, in der die Geister des Hades keine Macht besaßen. Sie bewahrte in ihrem himmlischen Frieden sein höheres Ich, das sie, wie kein anderer Mensch, kannte. Es ist, als habe sich ihm sein Genius aus höheren Welten, in denen auch sein Ich noch lebte, genaht. Die Liebesnähe bildete gleichsam stellvertretend die Form, in der sein Ich sich eine Zeitlang auf Erden halten konnte. Während wir gewöhnlich nur auf den Strom der Zeit schauen, oder uns von ihm tragen lassen, fließt er Hölderlin mitten durchs Herz; ihm »wechseln die wandelnden Götterkräfte, verzehrend selber am Busen«.

Doch dieser himmlische Einklang paßte nicht mit der bürgerlichen Welt zusammen. Es konnte nicht ausbleiben, daß der Hausherr allmählich eifersüchtig wurde. So mußte die Harmonie abrupt durch einen schrillen Mißklang abgebrochen werden.

> »Aber das Haus ist öde mir nun, und sie haben mein Auge
> Mir genommen, auch mich hab ich verloren mit ihr.«

Zu genau weiß er, was die Trennung von ihr für sein Schicksal bedeutet.

> »Aber ahnd ich es nicht? Wehe, von dir, von dir,
> Schutzgeist! ferne von dir spielen zerreißend bald
> Alle Geister des Todes
> Auf den Saiten des Herzens mir.«

Hölderlin ist 28 Jahre alt. In jedes Menschen Entwicklung zeichnet sich da eine Zäsur ein. Bis dahin tragen noch die mitgebrachten Kräfte und Be-Gabungen. Nun wird jeder unabänderlich auf sich selbst gestellt. Es ist, als entlasse der schützende Genius die Seele aus der unmittelbaren Führung mit der Frage: Was schaffst Du nun Neues in dieser Inkarnation?

Eine innere griechische Existenz hatte Hölderlin mitgebracht. Wohl aus früheren Erdenleben. Er mußte nicht philosophieren über die Ideen der griechischen Weisen. Dies alles wußte er von innen her. Sein Wesen war durchdrungen vom Aroma der hellen Geistdurchdrungenheit des griechischen Himmels. Aber was ist die Mission der jetzigen Inkarnation? Denn mit einer solchen sind wir doch alle angetreten!

Es kann einen wohl erschüttern im Hinblick auf seine 40 Jahre anhaltende Zeit der Geistesgestörtheit, wenn wir 1799 in einem Brief an Susette Gontard lesen: »Wenn ich an große Männer denke, in großen Zeiten, wie sie, ein heilig Feuer, um sich griffen und alles Tote, Hölzerne, das Stroh der Welt in Flamme verwandelten, die mit ihnen aufflog zum Himmel, und dann an mich, wie ich oft, ein glimmend Lämpchen, umhergehe und betteln möchte um einen Tropfen Öl, um ein Weilchen noch die Nacht hindurch zu scheinen – siehe! da geht ein wunderbarer Schauer durch meine Glieder, und leise ruf ich mir das Schreckenswort zu: *lebendig Toter!* «

Es fehlt nicht an Versuchen, den sich lösenden Geist

doch noch zu erden. Da ist vor allem Freund Sinclair, der sich hingebungsvoll seiner annimmt und ihm zunächst in Homburg vor der Höhe eine Stelle an der Bibliothek verschafft, die ihm genug Zeit läßt, den »Tod des Empedokles« zu schreiben. Auch Versuche, als Hauslehrer redlich sein Brot zu verdienen, werden unternommen; erst in der Schweiz und dann zuletzt in Frankreich, in Bordeaux.

Warum sollte es eigentlich nicht gehen – was doch bei allen Menschen ging! Aber nicht alle Menschen hatten in ihrem Inneren die geistige Spannung eines Säkulums auszuhalten!

Man stelle sich vor: Im Tiefwinter des Jahres 1801/02, wahrscheinlich in der Zeit der 12 heiligen Nächte, wandert Hölderlin zu Fuß allein von Nürtingen nach Bordeaux »auf den gefürchteten Höhen der Auvergne, in Sturm und Wildnis, in eiskalter Nacht, die geladene Pistole neben mir im rauhen Bett – da habe ich auch ein Gebet gebetet, das bis jetzt das beste war in meinem Leben und das ich nie vergessen werde«. Ein halbes Jahr später, in der Johannizeit irrt ein Geist-Gestörter in glühender Sonne durch Südfrankreich zurück. »Wie man Helden nachspricht, kann ich wohl sagen, daß mich Apollo geschlagen.«

Im Juni 1802 stirbt Susette Gontard in Frankfurt, und gleichzeitig löst sich der Geist aus dem Wesensgefüge Friedrich Hölderlins. Er ist 33 Jahre alt.

Der Dichter wußte um seine Zerstörbarkeit. »Ich fürchte, das warme Leben in mir zu erkälten an der eiskalten Geschichte des Tags, und diese Furcht kommt daher, weil ich alles, was von Jugend auf Zerstörendes mich traf, empfindlicher als andre aufnahm, und diese Empfindlichkeit scheint darin ihren Grund zu haben, daß ich im Verhältnis mit den Erfahrungen, die ich machen mußte, nicht fest und unzerstörbar genug organisiert war. Das sehe ich. Kann es mir helfen, daß ich es sehe? Ich glaube, so viel!

Weil ich zerstörbarer bin als mancher andre, so muß ich um so mehr Dingen, die auf mich zerstörend wirken, einen Vorteil abzugewinnen suchen, ich muß sie nicht an sich, ich muß sie nur insofern nehmen, als sie meinem wahrsten Leben dienlich sind.«

Immer wieder bewegt einen die Frage nach dem Sinn dieses Geschickes, das den Leib noch 40 Jahre auf der Erde leben ließ, ohne daß er dem Geist noch als Aufenthaltsort dienen konnte. Eine seltsame Mischung von kindlicher Unterwürfigkeit und majestätischer Hoheit zugleich schloß ihn in einen Bannkreis geistiger Einsamkeit, von dem der Turm am Neckar in Tübingen, wo er bei guten Menschen wohnte, nur wie ein Abbild erscheint.

Wieder war es Juni, als er 1843 in Tübingen bei Sturm und Regen zu Grabe getragen wurde. Auf seinem Grabstein liest man einen Vers aus seinem Gedicht »Das Schicksal«:

>»Im heiligsten der Stürme falle
>Zusammen meine Kerkerwand,
>Und herrlicher und freier walle
>Mein Geist ins unbekannte Land.«

Was ist der eigentliche Inhalt dieses Lebens? Seine wahre Biographie? – Die Geistentwicklung der Menschheit, die Versöhnung von Antike und Christentum, Vergangenheit und Zukunft in der eigenen Brust! Im Grunde war es sein Schicksal, daß er die Wege des Christus nachzugehen suchte. Die Biographie Hölderlins besteht nicht aus irdischen Fakten, sie ist ein geistiger Kampf ohnegleichen. »Tief erschüttert, eines Gottes Leiden mitleidend ...« – das war sein Leben. Das gab es eben auch an dieser Jahrhundertwende.

Dem Knaben, dem Jüngling ist das Wissen von der Beseeltheit der Elemente eingeboren. Nicht als dichterische Metapher, sondern seine Erfahrung bekennend, darf er den »Äther« seinen Vater nennen, der ihn nährt und das Herz ihm sänftigt. Als dieser Nachklang eines vergangenen Erdenlebens, der traumhaft herüberweht, mit dem Ende der zwanziger Jahre aufgebraucht ist, da drängt sich jedoch die Frage immer unabweislicher auf: Und wo ist Christus heute zu finden? Es ist ja wahr, wenn Hölderlin in Dionysos und Apollo Brüder des Christus erkennt, die dessen Herankommen an die Erde in den Bereich der Elemente hereinspiegelten. Aber erwacht zum Jetzt und Hier an der Schwelle des 19. Jahrhunderts, fühlt Hölderlin genau, daß die alten Götter nicht mehr zu Christus hinführen. Er muß Ihn suchen, um jeden Preis; denn mit ihm, so fühlt er, hängt unser Ich zusammen.

Die Götter der Antike, die Hölderlin verehrte, löschten das Ich aus, man verschmolz mit ihnen. Beim Versuch, sich

FRIEDRICH HÖLDERLIN

1770 – 1843

Christus zu nähern, muß es notwendig zu einer Auseinandersetzung mit dem Ich, dem Bewußtsein, kommen. Seit Griechenlands Tagen hat sich eine völlige Veränderung vollzogen im Verhältnis von den Menschen zu den Göttern. Das Ich hat seinen Einzug in die Erdenwelt gehalten, und fortan ist das Göttliche nur vom Ich aus und in demselben zu finden. Vorher war die menschliche Seele noch gleichsam ausgegossen in die Ätherwelt der Erde, erlebte die Göttlichkeit der Elemente; mit der tieferen Einkehr in sich selbst ist zugleich die Wahrnehmung der höheren Gottheit verbunden. Es ist ein entscheidendes Mysterium des Christentums, daß es die innige Verbindung, ja Einheit von menschlichem Ich und höchster Gottheit zur Offenbarung bringt in Christus. Wenn nun ein Mensch um das Erkennen des höchsten Gottes ringt, so muß ihn das zu einer Auseinandersetzung mit Christus und dem Ich führen. Wir ahnen etwas von der Tragik Hölderlins, wenn wir in einem Brief an den Bruder aus dem Frühjahr 1801 lesen: »Wie wir sonst zusammen dachten, denke ich noch, nur angewandter! Alles unendliche Einigkeit, aber in diesem allen ein vorzügliches Einiges und Einigendes, *das an sich kein Ich ist*, und dieses sei unter uns Gott!« In welch zerreißende Spannungen muß ihn das Verhältnis zu einem Gott bringen, der kein Ich sei, der nur unter den Menschen als solcher eingesetzt würde? Den Naturgöttern hatte sich der Mensch fühlend ans Herz legen dürfen; aber es war kein Bleiben bei ihnen, sie ließen den Menschen immer wieder von seiner Höhe fallen, sie lebten nicht in ihm. Da muß sich der Mensch ihnen gegenüber preisgegeben fühlen, er hat ihnen nichts entgegenzusetzen, ihm fehlt das Organ, ihre Gewalt zu bannen; nun verzehren sie ihn. Und wenn er jetzt aus sich selbst eine Götterwelt schafft, in der ihm die aus tiefster Not verlangte Sicherheit gewährt sein möge, so ist es ein Himmel, den er selbst täglich stützen muß, in dem es kein Ausruhen, keine Gnade gibt (»Bei Gelegenheit, ich möchte doch wissen, was eigentlich Gnade wäre?«). Denn der Gott ist ja nach Hölderlin kein Ich, diese Qual kennt nur der Mensch allein. Es gilt von Hölderlin selbst, was er von den Propheten sagt (Am Quell der Donau): daß sie den Himmel und das Schicksal auf den Schultern, taglang auf Bergen allein gewurzelt, gegenüber dem Göttlichen standen.

Nicht von ungefähr hat Hölderlin die Hymne, die seine erschütternde Suche nach dem Christus dartut, überschrieben: »Der Einzige«.

Wie nur kann er den finden, an dem doch einzig die Liebe hängt? Nicht auf dem Wege der theologischen Belehrung. Einem Menschen, der »unter Gottes Gewittern mit entblößtem Haupte« steht, sind andere Pfade vorgeschrieben. Wie kommt es, daß sich dieser in Griechenland ganz beheimateten Seele plötzlich im Geiste die Insel Patmos zeigt? Wohl ist er »wie in himmlische Gefangenschaft verkauft dort . . . wo Apollo ging«, aber da es immer der Christus ist, den er sucht (auch wenn er sich zunächst dieses Namens nicht bedient), so horcht er bei seiner geistigen Wanderung nach Griechenland und Asien auf das Wort

des Genius, der ihm bedeutet, »der nahegelegenen Insel
eine sei Patmos«.

. . .

»Drum, da gehäuft sind rings
 Die Gipfel der Zeit,
 Und die Liebsten nahe wohnen ermattend auf
 Getrenntesten Bergen,
 So gib unschuldig Wasser,
 O Fittiche gib uns, treuesten Sinns
 Hinüberzugehen und wieder zu kehren.

 So sprach ich, da entführte
 Mich unermeßlicher, denn ich vermutet,
 Und weit, wohin ich nimmer
 Zu kommen gedacht, ein Genius mich
 Vom eigenen Haus . . .
 . . . nimmer kannt ich die Länder.
 Doch bald, in frischem Glanze,
 Geheimnisvoll
 Im goldenen Rauche blühte,
 Schnell aufgewachsen
 Mit Schritten der Sonne
 Von tausend Gipfeln duftend.
 Mir Asia auf . . .«   (Patmos)

Man fragt sich: Ist es der Genius Griechenlands selbst,
der ihn nach Patmos weist? In der Geistaura dieser Insel,
beglänzt von der Sonne Asiens, wird er den finden, der,

eingeweiht in die Logosmysterien, das Griechentum zum edelsten Gefäß der christlichen Botschaft gebildet hatte: Johannes. Nur er, der »Gottgeliebte«, der das »Angesicht des Gottes genau gesehen« hatte, da sie »beim Geheimnis des Weinstocks zusammensaßen«, konnte ihm den Christus zeigen, so daß er ihn selbst zu sehen vermochte. Man muß die aus innerster Einsicht diktierten Verse über das Abendmahl, Tod und Auferstehung in der großen Hymne »Patmos« selbst lesen, um wieder einmal zu erproben, daß das Ingenium des Dichters ein besserer Interpret der Bibel ist als die theologische Fachwissenschaft.

Weiter führt ihn der Genius, von Patmos nach – Germanien! Mit welch herben Worten hatte einst Hyperion die Deutschen gescholten! Nein, dies Element war nicht angeboren, mußte errungen werden.

Was für geheimnisvolle Beziehungen spielen zwischen Griechenland und Germanien? Wer es für denkbar hält, daß die Geschicke der Völker von Volksgeistern, Erzengeln, geleitet werden, für den scheint es nicht ausgeschlossen, daß Hölderlins geistoffenes Gehör etwas von den Gesprächen dieser Wesen auffangen konnte. Rudolf Steiner schildert einmal*, wie der Erzengel des griechischen Volkes, der in einer besonderen Beziehung zu dem Christusmysterium steht, zum Lehrer jenes Erzengels der germanischen Völker wurde, der dann zum Zeitgeist unserer Kulturepoche aufstieg.

* Vortrag vom 12. Juni 1910.

Auf dieser Ebene spielt sich das Schicksal Hölderlins ab. Von diesem Mit-Erleben und Mit-Erleiden her fallen seine Rätsel-Worte schwer in die Welt vordergründiger Wirrnisse. »Zu lang schon waltest über dem Haupte mir, du, in der dunklen Wolke, du Gott der Zeit.«

Der Gehorsam gegenüber dem Zeitgeist führte ihn aus dem Bannkreis Griechenlands zur Anerkennung der Gegenwart, des Vaterlandes, als dem geistigen Orte, an dem allein er dem Christus begegnen konnte.

»Und der Adler, der vom Indus kömmt,
    Und über des Parnassos
    Beschneite Gipfel fliegt, hoch über den Opferhügeln
    Italias, und frohe Beute sucht
    Dem Vater . . .
    . . . jauchzend überschwingt er
    Zuletzt die Alpen und sieht die vielgearteten Länder.

Die Priesterin, die stillste Tochter Gottes,
    . . .
    Sie suchet er, die offnen Auges schaute,
    . . .
    Und endlich ward ein Staunen weit im Himmel,
    Weil eines groß an Glauben, wie sie selbst,
    Die segnende, die Macht der Höhe sei;
    Drum sandten sie den Boten, der, sie schnell
        erkennend,
    Denkt lächelnd so: Dich, Unzerbrechliche, muß
    Ein ander Wort erprüfen und ruft es laut,

Der Jugendliche, nach Germania schauend:
›Du bist es, auserwählt,
Alliebend und ein schweres Glück
Bist du zu tragen stark geworden . . .‹« (Germanien)

Aus dieser Ein-Sicht heraus kann er sagen:

»Und rückwärts soll die Seele mir nicht fliehn
Zu euch, Vergangene! die zu lieb mir sind.
Denn euer schönes Angesicht zu sehn,
Als wärs, wie sonst, ich fürcht es, tödlich ists
Und kaum erlaubt, Gestorbene zu wecken.«
(Germanien)

Wir dürfen über der anfänglichen Hellas-Gebundenheit dieser Seele nicht vergessen, wie sie erwartungsvoll hinge-spannt auf die Zukunft lebte. Seine ganze Liebe gehört doch dem kommenden Geschlecht. »Wir leben in einer Zeitperiode, wo alles hinarbeitet auf bessere Tage. Ich liebe das Geschlecht der kommenden Jahrhunderte. Die Freiheit muß einmal kommen, und die Tugend wird dann besser gedeihen. Dies ist mein Ziel, daß ich in unserem Zeitalter die Keime dafür wecke.« Man spürt aus Hölderlins Ver-kündigung der neuen Zeit ein banges Entgegenfiebern. »Wir sind wie *Feuer*, das im dürren Ast oder im Kiesel schläft, und suchen in jedem Moment das Ende der Ge-fangenschaft. Sie kommen, sie wägen Äonen des Kampfes auf, die Augenblicke der Befreiung, wo das Göttliche den Kerker sprengt, wo uns ist, als kehrte der Geist, vergessen der Leiden, der Knechtgestalt im Triumph zurück in die Hallen der Sonne.« Das Wesentliche des kommenden Äon ist, daß sich »der Menschengenius in himmlischer Verwandtschaft mit dem Sonnengott fühle« (Empedokles), daß Menschen und Götter ein Brautfest feiern und »ausgeglichen ist eine Weile das Schicksal« (Der Rhein).

Ein wichtiges Kennzeichen dieses zukünftigen Menschheitsseins ist dieses, daß dem *Wort*, der *Sprache* wieder ihre schöpferische Gewalt zukommt. Das Nennen der Gottheit ist eine fast kultische Aufgabe des Menschen in der zukünftigen heiligen Gemeinde. Hölderlins Wissen von der mächtigen, schöpferischen Kraft des Wortes offenbart den tiefen Grad seines Eingeweihtseins in die Werdegesetze des kommenden Reiches.

Wir, denen das Wort zum toten Verständigungswerkzeug und bloßen Ausdrucksmittel herabgesunken ist, vermögen uns nur eine schwache Vorstellung von der weltenschaffenden Kraft des Wortes zu machen, durch das am Anfang die Erde ins Dasein trat. Und doch liegt in jedem Wort das größte Geburtsmysterium verborgen, indem ein inneres Schaffen nach außen tritt. Ein Gedanke wird durch die ihm innewohnende Geistes- und Liebeskraft zur Tat. Es ist, als sei über Hölderlin der Himmel der Sprache offen gewesen, als habe ihr himmlisches Feuer in ihm selber geleuchtet und eine Weile habe die reine Unschuld seines Herzens ihn vor der gänzlichen Verbrennung schützen können. Bettina von Arnim teilt in ihrem Buch über die Günderode Worte Hölderlins mit, die von seinem tiefen, geheimen Wissen um das Wesen der Sprache zeugen. Im Wort muß die Gottheit Tod und Auferstehung durchleiden, das Eingehen in die Wortgestalt als ihren Leib kostet sie jedesmal einen Tod, und das lebendige Wirken im Wort ist nur als Auferstehungskraft des durch den Tod gegangenen Gottes zu verstehen. Wenn Hölderlin in der Spätzeit so viel von der *Waffengewalt* der Sprache, ihrer tötenden Macht spricht, so ahnen wir, wie unmittelbar er das verzehrende Feuer der Gottheit in sich gespürt hat, zu deren gefahrloser Wort- und Gestaltwerdung seine Unschuld und Reinheit ein zu schwacher Schutz waren. Unter der gewaltigen Glut zerschmolz die leichte Form zu bald, so daß der Tod, den die Gottheit in der Inkorporisierung erleiden muß, ihn mitvernichtete. Bettina drückt es so aus: »Gewiß ist mir bei Hölderlin, als müsse eine göttliche Gewalt wie mit Fluten ihn überströmt haben, und zwar die Sprache, in übergewaltigem raschem Sturz seine Sinne überflutend und diese darin ertränkend.«

Wenn es also um die Schaffung eines neuen Reiches geht, so gilt es zuerst, die Sprache als schöpferische Urkraft zu erleben und sich in ein Verhältnis zu ihrer lebendigen Macht zu setzen. Gemessen an dem Zukunftsbild, das Hölderlin in sich trug, mit dem er lebte, mußte ihm seine Zeit dürftig, arm und geistlos dünken. Der Himmel der Vernunftsgöttin hatte sich bleiern über die Menschenwelt gelegt. Das Verstandeslicht schien alle Rätsel des Lebens aufgeklärt zu haben. Jetzt gehen die Toten über die Erde, und die Lebendigen, die Göttermenschen, gehen drunten, und alles drängt ihn, von sich zu schütteln, was sein Jahrhundert ihm gab, den Toten zu folgen und aufzubrechen ins freie Schattenreich.

Jedoch: »Nur zu Zeiten erträgt göttliche Fülle der Mensch.« Deshalb breiten die Himmlischen uns in weiser gütiger Voraussicht die Nacht über die Augen, damit aus ihr uns die Sehnsucht nach dem Licht erwachse und uns kräftige. Und zum Zeugnis, daß sie dagewesen und wiederkehren, wenn die Zeit erfüllt ist, haben sie uns ein Zeichen hinterlassen im *Mahl* von *Brot* und *Wein*, das uns stärken soll im Durchhalten in der Nacht. So schildert es Hölderlin in der großen Hymne »Brot und Wein«.

Wenn das Feuer, das mit Christus auf die Erde kam, von den Geschlechtern aufgezehrt ist, dann soll ein Neues beginnen, das enthüllen wird, was Christus verschwieg. Immer stärker ringt sich die Ahnung durch, daß Christus nicht nur in der Vergangenheit, sondern mehr noch in der Zukunft zu suchen ist. Da gibt nun allerdings die neuentdeckte »*Friedensfeier*« wichtigste Aufschlüsse. Wie alle letzten Hymnen, ist sie nicht leicht zu verstehen. Es ist die Sprache der Gesichte, die aus seiner Seele heraufwölken. Der Dichter ruft zur Friedensfeier zwischen den Göttern und Menschen am Abend der Zeit, in den sich jedoch bereits die Morgenröte des neuen Tages mischt. Eine Feier des gegenwärtigen Zeitengottes gilt es, »der stille Gott der Zeit«, und als diesen hat er den Christus erkannt, der ein Sohn ist vom All-Lebendigen. »Und nun erkennen wir ihn, nun da wir kennen den Vater.«

Das ist eine ungeheure Aussage auf dem Hintergrund des lebenslangen Ringens! Zu einem Gastmahl ruft der Seher, dessen Friedensfürst der Gott ist, der einmal auch den Sterblichen gleich »Tagewerk erwählt« hat, zu teilen alles Schicksal, der als sein Zeichen »der Liebe Gesetz« hinterlassen hat. Mit ihm kommen all die anderen Unsterblichen, uns von ihrem Himmel zu sagen. Wenn das geschieht, und der innere Blick sieht es voraus, dann wird auch die Natur wieder göttlich verklärt und beseelt.

Vielleicht werden einmal die Elemente der Erde wieder durchlässig für seine Gegenwart? Dann wäre es wohl gut, »das Sakrament heilig behalten, das hält unsere Seele zusammen« (»Luther«).

Immer mehr mußte es Hölderlin zur Erfahrung werden, daß die Götter der Alten heute nicht mehr erlebbar sind und die so lichtvoll geschaute zukünftige Offenbarung Gottes sich ohne seine Findung in der Gegenwart nicht verwirklichen kann. So führt ihn die Suche nach dem gegenwärtigen Christus zur Suche nach dem Gott der Zeit. Die höchste Gottheit ist ihm nichts Feststehendes, durch alle Zeiten Unveränderliches mehr, sie verwandelt und verjüngt sich in immer neuen Offenbarungen.

Hölderlin wächst von der Naturfrömmigkeit zum strengen Dienst am Gott der Zeit. Wenn wir seine eigene Forderung auf ihn anwenden, daß nämlich das Angeborene zu überwinden und das Wesensfremde zu erlernen sei, so dürfen wir sagen, daß Hölderlin dies Gebot bis zur Selbstaufopferung erfüllt habe.

»Zwar Eisen träget der Schacht
Und glühende Harze der Ätna;
So hätt ich auch Reichtum,
Ein Bild zu bilden und ähnlich
Zu schauen, wie er gewesen, der Christ.«

Aber die Inkarnation gibt es nicht mehr her. Zu unbe-
schützt ist seine Seele, den Geistgewalten selber preisgegeben.

»Denn nicht der Sohn allein,
Es stehen unter diesem Schicksal
Die Dienenden auch.«

So zieht sich die Entelechie zurück, um

»Zu wohnen in liebender Nacht und bewahren
In einfältigen Augen unverwandt
Abgründe der Weisheit«.

Dieses Leben hat sich nicht durch große Taten in das
Geschichtsbuch der Menschheit eingetragen. Dennoch
können wir durch seine Worte und Gesichte hindurch-
schauen in das hintergründige geistige Spannungsfeld jener
Jahrhundertwende und gewahren, wie die menschlichen
Geschicke Abschattungen geistiger Wesen sind, die alles
Tun begleiten.

CAROLINE SCHELLING

»Der sanfte Mut des Herzens«

Auf einem Grabobelisken des Maulbronner Friedhofes findet sich folgende Inschrift. »Hier ruht Caroline Dorothee Albertine Schelling, geb. Michaelis. Jedes fühlende Wesen stehe mit Andacht hier, wo die Hülle schlummert, die einst das edelste Herz und den schönsten Geist einschloß.

 Gott hat sie mir gegeben
 Der Tod kann sie mir nicht rauben.«

Schelling, der seiner Gattin diese Inschrift setzen ließ, als sie am 7. September 1809 auf einer Reise in seinem elterlichen Hause von der Ruhr hinweggerafft wurde, hat in einem Brief an seinen Schwager ein knappes Vierteljahr später das Wesensbild seiner Frau so beschrieben, daß man unmittelbar von der Einmaligkeit dieser Existenz angerührt wird. »In je größere Ferne sie mir tritt, desto lebhafter fühle ich ihren Verlust. Sie war ein eigenes, einziges Wesen; man mußte sie ganz oder gar nicht lieben. Diese Gewalt, das Herz im Mittelpunkt zu treffen, behielt sie bis ans Ende. Wir waren durch die heiligsten Bande vereinigt, im höchsten Schmerz und im tiefsten Unglück einander treu geblieben ... Wäre sie mir nicht gewesen, was sie war, ich müßte als Mensch sie beweinen, trauern, daß dieses Meisterstück des Geistes nicht mehr ist, dieses seltene Weib von männlicher Seelengröße, von dem schärfsten Geist, mit der Weichheit des weiblichsten, zartesten, liebevollsten Herzens vereinigt. O etwas der Art kommt nie wieder!«

Das Bild Carolines, wie man sie schlichtweg nannte, war in den Augen vieler Zeitgenossen keineswegs ungetrübt. Dazu war der Schicksalsweg dieser Frau viel zu dramatisch und eigenwillig geprägt. Das Außerordentliche reizt den Neid und stachelt hämische Kritik auf.

Was soll man am meisten rühmen? Ihre Genialität? Ihren funkelnden Witz? Ihre Kühnheit, mit der sie sich über alle bürgerlichen Vorurteile hinwegsetzte? Oder doch am meisten die Schicksalskundige, die durch das weise gewordene Herz in äußerster Verantwortlichkeit gegenüber ihrem Gewissen unabhängig und frei ihre Lebenswege geht? »Ich fühle, was ich muß, weil ich fühle, was ich kann.«

Was für ein Leben! Kein Wunder, daß man diese Frau eine Abenteuerin schalt. Ihr Schicksal mutet in der Tat abenteuerlich an, aber doch wohl deshalb, weil sie sich ihm aussetzte, sich nie sparte, immer mit voller Münze zahlte. Eigentümlich, wie sich in solch einem ganz persönlich geformten und durchlittenen Geschick das Zeitenschicksal spiegelt! Durch ihre höchst privaten Beziehungen ist sie zugleich mit den geistigen Strömungen der Epoche verknüpft. Das läßt sich selbst in der Zeit ihrer schmachvollsten Demütigung nicht verleugnen.

Wie hatte man die junge Witwe verachtet, die sich eigenwillig von der Familie gelöst hatte und dann – man schrieb das Jahr 1793 – in Mainz in die Wirren der Französischen Revolution geraten war. Auch wenn sie sich politisch nicht engagierte, so lebte sie doch im Hause Georg Forsters, den man als Freund der Franzosen zum Vaterlandsfeind stempelte. Selbstredend brannten die großen Ideen der Menschenrechte von Freiheit, Gleichheit und Brüderlichkeit in ihrem von jeher etwas rebellischen Gemüt! Was ging sie das an, wenn es den Leuten nicht gefiel, daß sie »als moralische Krankenwärterin und sonst nichts« bei dem von seiner Frau verlassenen Mann blieb und auch mit ihm zu Festen ging, die Custine, der Eroberer von Mainz, veranstaltete. Wenn sie es nur vor sich selbst verantworten konnte. Ja, auch sie hatte die Carmagnole getanzt, im roten Seidenkleid, mit der Jakobinermütze auf dem Kopf! Ein Tanz am Rande des Todes. Dennoch nahmen die heranrückenden Preußen keine Konspirantin fest, als sie in Oppenheim den Wagen der vor der Belagerung flüchtenden Caroline anhielten.

Aber es waren schlimme Tage und Nächte, die die 30jährige junge Frau mit ihrem Töchterchen Auguste auf der Feste Königstein verbringen mußte, des Hochverrates verdächtigt, von Korporalen bewacht und wie eine Verbrecherin behandelt. So etwas ist dem guten Ruf eines Menschen, und zumal einer Frau, nicht bekömmlich! Und dabei ahnte die geschwätzige Bekanntschaft noch gar nichts von dem schwersten Druck, der auf Caroline lastete.

Denn in eben diesen Tagen der schmählichen Gefangenschaft und Lebensgefahr wird sie dessen inne, daß sie ein Kind erwartet. Vielleicht muß man erst einmal die völlige Verzweiflung durchgemacht haben, um so frei und zugleich dem Göttlichen ergeben, den Menschen gegenüberstehen zu können, wie sie es später vermochte. Natürlich wollte der junge französische Offizier, der Vater dieses Kindes, sie heiraten! Wie schon zuvor ein ehrbarer Superintendent ihr seine Hand angetragen hatte. Ein sorgenfreies, bequemes Leben, ach ja! Aber die »reine innere Flamme der Seele« hatte sich nicht verlocken lassen. Jetzt aus der Verlorenheit einer Nacht eine Fessel zu machen, dazu war Caroline nicht geschaffen. Sie hat wohl recht, wenn sie sagt: »Mein Kind hatte in Wahrheit keinen Vater. Nicht ein Mann hatte mich umarmt, die Revolution selbst war's, der ich mich hingegeben hatte.« – So ist es keine Frivolität, sondern ihr lauteres Empfinden, wenn sie, aus der Fährnis durch die Hilfe A.W.Schlegels befreit, nach der Geburt des Kindes in einem kleinen thüringischen Dörfchen schreibt: »... Gustel hat eine unmäßige Freude über das Kind, als müßte es nur so sein. Wer hier Schuld finden will, darf nicht in unsere Nähe kommen, nicht in dies Stübchen, hier herrscht unschuldiges Vergessen alles Unrechts und aller Sünden.«

Sie ahnte noch nicht, welch eisiger Verfemung sie begegnen sollte! Aber das war ihr innerstes Wesen, »daß ein Lächeln grenzen kann an die unsäglichste Not«.

*

Dabei hatte das Leben für die Professorentochter Caroline Michaelis in Göttingen unter den glücklichsten Vorzeichen begonnen. Die Atmosphäre des elterlichen Hauses war durchweht von Wissenschaft und Kunst. Wie kann das junge Mädchen von einem Besuch Goethes schwärmen! Überhaupt sind ihre Briefe köstlich zu lesen, voll Geist, Laune und voll der lebendigsten Schilderungen – und wie anmutig weiß sie zu klatschen, z.B. über die »schnurgerechten Professoren«!

Mit 21 Jahren wird sie verheiratet. »Ich erfülle durch diese Heirat (mit dem Arzt Dr. Böhmer) die Wünsche meiner Familie und der seinigen.« Die eigenen Wünsche kennt sie eigentlich noch gar nicht. Doch da es der beste Freund ihres heißgeliebten Bruders ist, der diese Heirat auch betrieben hat, kann es doch nur gut sein! Aber man darf eben solche einschneidenden Lebensentschlüsse (in heutiger Zeit) nur aus dem Zentrum des eigenen Innern fassen. Alles andere ist gefährlich. Dabei war Böhmer ein redlicher treuer Mann, der seine Frau herzlich liebte. Aber was sollte dieses Geschöpf, das eigentlich nur in lebendigstem geistigen Austausch existieren konnte, nun verbannt in die kleinbürgerliche Einsamkeit von Clausthal-Zellerfeld? Ihr Geist hat keine Arbeit. Der Schrei nach Büchern ist bald in jedem Brief zu hören. Was sie alles liest! Plutarch, englische Geschichte, französische Trauerspiele, Briefe Mirabeaus aus dem Kerker an seine Geliebte – und natürlich auch Romane!

Kann man den Schritt eine Fehlentscheidung nennen,

CAROLINE SCHELLING

1762 – 1809

der ihr in der Folge ihre Tochter Auguste schenkte? Die Umwege gehören eben auch zum Weg. Dieses »Schauspiel eines ruhigen Glücks« sollte nur vier Jahre währen. Es ist eigentümlich, wie früh schon der Tod zum Lebensbegleiter dieses Schicksals wird.

1788, mit 26 Jahren, ist Caroline bereits Witwe. Auch das dritte Kind, das Söhnchen, das nach dem Tode des Vaters geboren wird, stirbt nach wenigen Wochen. So zieht sie mit ihren beiden kleinen Mädchen, Auguste und Röschen, wieder in das elterliche Haus nach Göttingen zurück.

Doch man soll nicht in alte Kleider wieder hineinschlüpfen, aus denen man herausgewachsen ist! Hatte sie schon während ihrer Ehe »immer an der Grenze, wo Schmerz und Freude sich treffen« gelebt, so ist der Aufenthalt im Elternhaus, aus dem durch die Krankheit des Vaters der Geist der freudigen Weltoffenheit gewichen ist, für die Selbständigkeit Carolines kein geeigneter Lebensraum.

Ob es bei dem von Kind an schwärmerisch geliebten Bruder Fritz, der als Arzt in Marburg tätig ist, besser gehen wird? Aber Menschen und menschliche Beziehungen sind dem Wandel unterworfen. Aus dem mitreißenden, von Idealen inspirierten jungen Mann ist mit der Zeit ein nörgelnder Spießbürger geworden, der Abend für Abend im Wirtshaus zubringt. Der angeborene Jugendidealismus war mit der Jugend zugleich verwelkt. Und zu dem Idealismus, den man sich nur durch Arbeit und Selbstdisziplin erwirbt, hatte er sich nicht aufraffen können. Kein Wunder, daß Caroline allgemach »nichts mehr schätzt, als was mein Herz mir gibt«.

An Verehrern fehlt es nicht. Schon damals zählte A. W. Schlegel dazu. Caroline ist sich jedoch inzwischen bewußt geworden, daß sie nach eigenen Gesetzen leben muß und daß sie auf die Dauer die Ansprüche derer nicht ertragen kann, die keine an sie haben. Ja, sie gehört zu den »stolzen Bettlern«, die lieber einen geheimen Orden gründen möchten, der die schleppende Ordnung der Dinge umkehrt, als daß in das eigene Feuer ständig Wasser geschüttet wird.

Wieder wird ihr der Tod wegweisend. Mit zweiundeinhalb Jahren stirbt Röschen, die zweite Tochter; ». . . nur noch ein Kind« und drei Gräber.

»Wo bist du, Geist der Schlummernden? Die Frage trat mir nahe unter Bildern, unter Ideen, von welchen die eingeschränkte Menschheit nur dumpfen Sinn hat, wenn sich diese Dumpfheit mit Sehnsucht nach deutlichem Wissen mischt und in denselben Vorstellungen auch das Gefühl des Verlustes erwacht.«

Alles, was ihr Wunden zufügt und sie von außen beraubt, führt sie in stetiger Festigkeit mehr zu sich selbst. »Das beste ist für mich, meinen eigenen Weg zu gehen.« Sie ist 28 Jahre alt. Und so leitet der »sanfte Mut des Herzens« sie nach Mainz, in das Haus der Jugendfreundin Therese Heynse, die mit Georg Forster verheiratet ist. Hier erfaßt sie der Wirbel der Zeitereignisse.

War es Leichtsinn, Verwegenheit, der die »Dame Luzifer«, wie sie später einmal genannt wurde, trieb? Wer will ausschließen, daß auch davon ein Tropfen in ihrem Blute lebte? Der Feuerbrand der Französischen Revolution ließ keinen Menschen, der nicht nur Privatmensch, sondern Zeitgenosse war, unberührt. Was chaotisch und tumultuarisch damals hervorbrach, das Drängen nach einer neuen sozialen Ordnung, wird noch die folgenden Jahrhunderte bestimmen. Wie konnte das bewältigt werden, was damals wie mächtige Eruptionen die Menschen erschütterte? Die einen riß es zu Gewalttaten hin, andere versuchten durch eine Umwandlung des Denkens dieser Flut ein Strombett zu geben. Wieder andere wurden durch den Eingriff des Schicksals an den Rand des Abgrunds gerissen – wie Caroline. Aber wenige gewannen diesem Kampf eine solche Tapferkeit und Erleuchtung des Herzens ab wie eben diese Frau, die nach durchstandener Krise ihre Existenz in das Geistige hinein erweiterte.

Auch dieses Kind der Revolution stirbt ihr hinweg. Auguste bleibt ihr. Als sie wieder Anschluß an einen Menschenkreis sucht, zunächst in Gotha, schließlich als letzte Zuflucht in Braunschweig bei der Mutter, lernt sie erst das volle Maß der Verachtung kennen, das sie aus jeder Gesellschaft ausschließt. Nichts ist erbarmungsloser als pharisäischer Hochmut. In diesen dunklen Tagen schreibt sie an einen Freund: »Du fühlst, daß ich nicht verzweifle! Keine menschliche Macht kann mich je dahin bringen, weniger gut zu sein. Der Weg, den ich gehe, wird vielleicht nie die Verleumdung zum Schweigen bringen, aber das schwöre ich mir und jedem der mich liebt, nie soll er sie rechtfertigen.«

Wie sie der Verzweiflung immer wieder Stunden der heitersten Ruhe abgewinnt, das zeigt eine wahrhaft heroische Größe. Und doch wird sie noch einmal einen Umweg gehen, den sie sich selbst nie ganz verziehen hat. Wer kann jedoch sagen, ob nicht auch gerade dieser Umweg in das ganze Geflecht ihres Schicksalsteppichs mit hineingehört!

Was ihr in den Augen der Welt mit einem Schlage wieder eine geachtete Stellung schenkte, die Ehe mit A.W. Schlegel, dem hochbegabten, geistvollen Privatgelehrten, war im Grunde doch ein Verstoß gegen ihr ureigenstes Gesetz. Dankbarkeit, Hochachtung und Sympathie sind keine genügende Basis für eine Ehe. Das wußte Caroline selbst gut. Aber wer will es ihr verargen, daß sie in dieser Lage der völligen Ächtung und Isolation doch schließlich die rettende Hand ergriff, zumal sie sich Schlegel durch gleiche geistige Interessen verbunden wußte?

Nun also vier Jahre auf der »Geisterinsel« in Jena, von 1796 bis 1800! Da wurde das Haus der Brüder Schlegel zum menschlichen Mittelpunkt der Romantiker. Carolines heiterer Charme, der bezaubernde Liebreiz ihres Wesens, die unbestechliche Treffsicherheit ihres Urteils zogen die erlesensten Geister an ihren Tisch. Zudem hatte A.W. Schlegel die ihm kongeniale Helferin bei der Übersetzung Shakespeares gefunden, die ihr fast noch mehr am Herzen lag als ihm.

Manchmal ist eine bestimmte Menschenkonstellation notwendig, damit Impulse aus der geistigen Welt einfließen können, die kein Einzelner empfangen kann. Das ist das Mysterium menschlicher Gemeinschaft, daß sich in ihr Sternenordnungen spiegeln können. In diesen Jahren um 1800 war in Mitteleuropa für einen Zeitenaugenblick solch eine Konstellation von Persönlichkeiten, in die sich weithinglänzend ein Sternensiegel einsenken konnte.

Goethe inszeniert Schillers Wallenstein. Mit Novalis leuchtet ein himmlisches Nachtgestirn in den Kreis herein. Tieck liest seinen »Sternbald« vor. Fichte erhebt mächtig die Gedanken und Gemüter. Die Brüder Schlegel, von denen Friedrich wohl der genialere war, planen in einer Zeitschrift, dem »Athenäum«, die Geistbestrebungen dieser Epoche zusammenzufassen. Und im Oktober 1798 wird der 23 Jahre alte Schelling als Philosophieprofessor nach Jena berufen. In dieser Konstellation konnte der magische Idealismus Wurzel fassen. Der beweglich-bewegende Geist zwischen ihnen ist Caroline. »Mein Herz wirft ein Gewand über die Vorzüge des Kopfes.« Das eben ist es, was sie so anziehend macht, auch wenn sie meint: »Ich weiß im Grunde doch von nichts etwas als von der sittlichen Menschheit und der poetischen Kunst.«

Johann Daniel Falk schreibt in dieser Zeit an A. W. Schlegel: »Welch eine Frau! Ihre recht geniale Art, Werke der Kunst ins Auge zu fassen, ihr freier, von allen Fesseln des Schulzwanges entfesselter Geist, der feine Takt im Einzelnen, verbunden mit einem festen Überblick über das Ganze, und dabei die Grazie der Weiblichkeit, die sich über alles verbreitet, was sie sagt und tut, macht sie mir mit jedem Tage schätzbarer.«

Alles wurde in ihrer Gegenwart durchsichtig und seelenvoll. Das Nichtige fand sich freilich durch ihre Geistesklarheit zerstört, wie auf der anderen Seite das keimhaft Edle erhöht und verklärt wurde. »Das Gute ist mein Gott, von dem ich eine unmittelbare Erkenntnis habe.«

Und dazwischen nun das Kind Auguste, das allmählich auf die Konfirmation vorbereitet wurde. Von allen wurde dieses anmutige, frühreife und doch wieder kindliche Mädchen geliebt, das durch alle Schicksale hindurch zur vertrauten Freundin der Mutter geworden war. Was für eine Rolle sie in dem nun anhebenden Drama zwischen Schelling und der Mutter gespielt hat, wird wohl immer verborgen bleiben. Es ist viel spekuliert worden; wenn jedoch etwas durch das Schicksal so verhüllt worden ist, dann muß man das respektieren. Am sichersten fahren wir, wenn wir uns allein auf das verlassen, was in den Briefen der zunächst Betroffenen von ihnen selbst ausgesprochen wird.

Man hätte meinen sollen, das vom Sturm hin- und hergeworfene Lebensschiff der Caroline habe nun endlich den sicheren Hafen erreicht. Aber Sicherheit gab es in diesem vom Geiste bewegten Leben nicht. Der Werdestrom scheint das einzige Element gewesen zu sein, in welchem ihr Genius existieren konnte. Jetzt erst 1798 begegnet sie dem Mann, der ihr von oben zugeordnet schien, dessen Wesen sie mit Allgewalt im Innersten trifft, der ihr Sein erhöht und aufschließt wie nie zuvor ein anderer. Zwei Sterne begegnen sich, die seit langer Zeit aufeinander zugewandelt sind. Das Schicksal ist unausweichlich, so übermenschlich groß auch die Versuche sind, ihm zu entfliehen.

Schelling ist zwölf Jahre jünger als Caroline. Sie fühlt sich A. W. Schlegel für alle Zeit zur Dankbarkeit verpflichtet. Auguste, das Ebenbild der Mutter, so meint diese, wäre die rechte Gefährtin für den jungen Schwaben. Eine innige Freundschaft entsteht zwischen »Uttelchen« und »Mull«. Eine Weile, so scheint es, wird das Schicksal durch die himmlisch wissende Unschuld des Mädchens in der Schwebe gehalten. Dann geschieht – hier darf man wohl einmal zu Recht sagen – das Erschütternde, daß die 15jährige Auguste in Bocklet, wohin sie die Mutter zur Kur begleitet hatte, innerhalb weniger Tage an einer fiebrigen Ruhr stirbt.

Wir können allen bösen Klatsch, der sich an dieses tragische Ereignis anhängt, getrost übergehen. – Dieses Mal traf es die Mutter so hart, daß sie sich nie mehr ganz von diesem Schlage erholen sollte. Ein Teil ihres Wesens war nun »drüben« beheimatet.

Doch wenn es wahr ist, daß früh verstorbene junge Seelen noch lange im Umkreis der Mutter bleiben, ihr einen neuen Zugang zur Welt des Übersinnlichen eröffnend, dann versteht man, woher Caroline die Kraft zu neuen Entschlüssen erwuchs. Der Tod hatte sie von Stufe zu Stufe geleitet und wurde ihr nun der sichere Führer auf der letzten wichtigsten Wegstrecke.

Die Ehe zwischen A.W.Schlegel und Caroline bestand eigentlich nicht mehr. Aber nie hätte sie von sich aus das Band gelöst. Ihre Briefe sind ein bewegendes Zeugnis dafür, wie sie den Freund Schelling immer wieder zur Entsagung zu bestimmen versucht. Er gerät dadurch in eine ernste Krise. Da schreibt Caroline aus Braunschweig an Goethe und bittet ihn, sich Schellings anzunehmen. Es kommt zu dem berühmten Sylvestergespräch 1800/1801 zwischen Goethe, Schiller und Schelling, von dem Henrik Steffens berichtet.

Caroline erlebt diese Jahrhundertwende bei ihrer Schwester in Braunschweig. »Der Schlag 12 überraschte uns, ich wollte Schlegel noch wecken, ehe er ausgeschlagen, denn es war mir, als könnten üble Folgen daraus entstehen, wenn einer dabei nicht wachte, gleichsam als ob er das Zusammenklingen seiner Sterne verschliefe – also lief ich hinauf, er hatte den Schlag gehört, sich zusammengerafft und zu uns heruntergehen wollen, also begegneten wir uns wie die beiden Jahrhunderte auf der Treppe.«

Es sollten noch über zwei Jahre vergehen, bis Caroline sich zu der Einsicht durchgerungen hatte, daß ihr Verzicht niemandem etwas nützte, wohl aber andere zerstörte. Diesmal bestätigt es sich vollends, daß dieser Frau das Leben nur möglich ist, wenn sie das Unmögliche tut und sich selbst die Treue hält.

Durch die väterlich helfende Fürsprache Goethes spricht der Herzog die Scheidung ohne Prozeß aus. Caroline und A.W.Schlegel trennen sich als Freunde, und im Sommer

1803 wird die Trauung mit Schelling in Murrhardt gefeiert. Jetzt erst ist Caroline bei sich selbst angekommen, im Einklang mit ihrem Stern. »Gott, Schelling und ich«, das ist der Dreiklang, unter dem die kurze Spanne des Lebens, die ihr noch vergönnt war, steht. Man braucht nicht mehr viel zu erzählen. Enthoben dem Streit irdischer Meinungen, im innigsten wechselseitig befruchtenden Austausch mit dem Du ist ihre Seele beruhigt. Persönliche Kämpfe gibt es nicht mehr, ihr Geist ist erhöht und erweitert in überpersönliche Bereiche.

Zwar zeugen ihre Briefe weiterhin von der regsten Anteilnahme an den Zeitereignissen. Ihr Urteil ist (z.B. über Napoleon) durchschauend und schlagkräftig wie nur je. Die Schilderung der bayerischen Landeshauptstadt liest sich schlechtweg hinreißend. Aber es ist, als wandle ihr Geist auf dem Grenzgebirge und schaue die Landschaft des Irdischen immer im Strahl der geistigen Sonne. »Der Tod ist eine himmlische Hoffnung, wenn er so der Bewahrer unsrer liebsten Schätze geworden ist. Das Leben wäre unerträglich und eine Schmach, wenn es dieser beraubt, nicht dennoch ein überirdisches Interesse enthielte, einen Teil jener ewigen Seligkeit, und Sie wissen, wer mir nicht nur ein zeitlicher Gefährte ist.«

Die heitere Gelassenheit, mit der sie den Wechselfällen des Lebens zu begegnen weiß, erwächst ihr aus einer immer tieferen Verwurzelung in dem hierarchischen Hintergrund unserer Geschicke.

Die Erde erzittert unter Napoleons Machtansprüchen.

Hinter den bewegten kriegerischen Auseinandersetzungen vollzieht sich – so will es scheinen – der langsame Wechsel der Regentschaft eines Zeitgeistes zum andern. Das Zeitalter der Naturwissenschaften zieht herauf, und Carolines geistoffener Sinn erlebt diesen Wandel mit an der Seite eines Mannes, der über die »Weltalter« schrieb, für den die Natur noch zugleich das Buch Gottes war.

Unter Anleitung des Galvanisten Ritter und Franz Baader werden Pendelversuche mit Schwefelkies gemacht. Caroline schildert sie in einem Brief an die Schwester genauestens. Hier das Fazit: »... Das beste ist, daß sich ein jeder selbst von der Echtheit dieser Kraft, von dieser Wirkung des Menschen auf die toten Materien, die also wohl auch lebendig sein müssen, überzeugen kann. Dieselbe Kraft muß es sein, welche die Planeten um die Sonne treibt. Der Mensch ist die Sonne in bezug auf die Bestandteile der Erde, mit denen allen er innigst befreundet ist ... ich versichere Dir, mir ist diese ganze Zeit über so gewesen, als wenn irdische Reiche zwar untergingen, göttliche aber hervorkämen. Es war mir zwar schon mehrmals so neben Schelling in meinem Sinn, nun tritt es aber vor die Augen und ich möchte sagen, sein herrliches Gemüt wird mir dadurch sichtbar.«

Der Kreis schließt sich. Man kann eigentlich nicht von Tragik sprechen, wenn die Lebensflamme im schönsten Glanz erlischt. Aber das Wichtigste: Ihre Wirksamkeit hört ja keineswegs auf, vielleicht steigert sie sich, indem sie ihre Existenz ins Übersinnliche verlegt.

Anzeichen gab es genug, daß Caroline ihren Abschied vorausfühlte, sich nirgends mehr zu fest einrichten mochte auf dieser Pilgerfahrt des Erdenlebens. Sie stirbt – auf der Reise! Und doch kam der Tod nach siebenjähriger Ehe für Schelling plötzlich.

Es ist nicht nur sein persönlicher Verlust, »die Welt wird ärmer durch solch einen Tod«. So schreibt er 1810. – Die Zäsur in Schellings Leben und Schaffen, die dadurch entsteht, kann gar nicht übersehen werden. Er zieht sich in ein tiefes, jahrzehntelanges Schweigen zurück, aus dem dann allerdings Worte hervorgehen, so inspiriert aus dem Jenseits, daß man sofort weiß, wer die innere Gefährtin und Führerin dieser Wegstrecke für ihn gewesen ist.

Daß die Gemeinsamkeit zweier Menschen nicht aufhört, wenn einer von beiden stirbt, ist die Erfahrung unzähliger Menschen. Was sich so vielfältig im Leben erweist, bedarf keines Beweises. Die Sternstunde des deutschen Idealismus und der Romantik erhielt ein einzigartiges weitausstrahlendes Gepräge nicht nur von den Lebenden, sondern auch durch das Hereinsprechen der Geister von »drüben«. Im Chor dieser Geister ist »Caroline« ein besonders leuchtendes Gestirn.

WILLIAM WILBERFORCE

» The Voice of an Angel «

Nicht genug kann man das Wunderwerk eines menschlichen Lebens bestaunen. Wie sich durch alle Wirrnisse
und Verknotungen hindurch doch letztlich der Schicksals-
faden immer wieder heraushebt – und man sieht deutlich,
Anfang und Ende dieser Linie sind nicht begrenzt durch
Geburt und Tod. Was sich da alles auf der Erde versammelt um die Jahrhundertwende, damit im Zusammenwir-
ken (auch wenn man nichts voneinander weiß!) notwendige Schritte in der Menschheitsentwicklung getan werden.

Über der Geburt des Knaben William, der im gleichen
Jahr wie Schiller geboren wird, 1759, steht ein Glücksstern.
Der Vater war ein reicher Mann und Schiffseigner in der
Hafenstadt Hull in Yorkshire. Geliebt, verwöhnt spielt sich
das Kind ins Leben herein. Wo das Gesicht mit den blauen
Augen, dem blonden Gelock auftaucht, meint man, es gehe
nun im menschlichen Bereich noch einmal eine Sonne auf.
Das ist bei Kindern nichts Seltenes, verliert sich aber mei-
stens rasch. William Wilberforce jedoch umglänzte dieses
Sonnenelement bis an das Lebensende.

Er war sieben Jahre alt, als es ihm unversehens in der
Schule geschah, daß der Lehrer ihn wie eine Puppe am

Kittel ergriff, ihn mit einem Schwung auf den Tisch stellte und ihm befahl, eine Stelle aus »Robinson Crusoe« laut der Klasse vorzulesen. Verwirrt und erschrocken gehorchte er. Nach fünf Minuten entließ ihn der Lehrer aus der für ihn qualvollen Lage. »So, so sollt ihr sprechen und lesen«, rief er den Kindern zu (es war Isaak Milner, in dem Wilberforce später einen echten Freund finden sollte). Einmal wird man im Parlament diese Stimme die Nachtigall vom »House of Commons« nennen oder die Stimme eines Engels, weil eine solche Bezauberung davon ausging, daß sie die Seelen in ein anderes Bewußtsein versetzen konnte.

Etwas überirdisch Sonnenhaftes umgab diesen Menschen, dem das Glück all seine Gaben in den Schoß zu werfen schien: Reichtum, Begabung, Beliebtheit. Zwar hatte er in Cambridge ein glänzendes Examen abgelegt, ohne viel dafür zu arbeiten (das gesellige Leben war ihm wichtiger), aber wozu eigentlich? Er hatte es nicht nötig, Geld zu verdienen, einen Beruf zu ergreifen. William Pitt jedoch, Sohn des Earl of Catham, nachmaliger Premierminister, mit dem ihn eine lebenslange Freundschaft verband, bewegte ihn dazu, sich der Politik, den Geschicken seines Landes zu widmen. Und tatsächlich, Wilberforce spürte, daß da etwas war, was ihn rief, und so lauschten die Freunde Abend für Abend von der Galerie aus den Debatten der Abgeordneten und lebten sich allmählich in die Probleme der Staatsgeschäfte ein.

Zur nächsten Wahl ließ er sich als Vertreter seiner Heimatstadt aufstellen. Zu Menschen sprechen, ihre Herzen bewegen, das mußte dieser Jüngling nicht erst lernen, das lag in seiner Natur. Wieder stand er auf einem Tisch »und sprach wie ein Engel«. Selbstverständlich wurde er gewählt, und es traf sich so, daß man seinen Sieg gleichzeitig mit der Feier seines 21. Geburtstages zu einem triumphalen Fest gestalten konnte.

Was nur bewegt dieses vom Glück begnadete Menschenkind, daß wir es gut sechs Jahre später in einer tiefen Depression wiederfinden, nahezu bereit, sich in ein Kloster zurückzuziehen? Was war geschehen? Im Herbst 1784 hatte Wilberforce die erste größere Reise seines Lebens unternommen, begleitet von Isaak Milner, der ihm Freund geworden war. Man wollte den Winter in Nizza verbringen. Aber was für ein Unternehmen bedeutete solch eine Reise in der damaligen Zeit! Bereits die Überquerung des Kanals dauerte acht bis zehn Stunden, je nachdem wie der Wind stand. In Lyon mieteten sie ein Schiff, groß genug um die zwei Kutschen mitsamt den vier Pferden (Mutter und Schwester begleiteten sie auf der Reise) an Bord zu nehmen, und so segelten sie vier Tage lang auf der Rhone bis Avignon, in frohgemuter, wie zeitloser Beschaulichkeit. In den durch die Unbill des Wetters erzwungenen Rasten auf dem Rückweg im Februar 1785 tauchten in den Gesprächen der Freunde religiöse Fragen auf, die sie lebhaft bewegten.

Im nächsten Jahr wurde die Reise wiederholt. In der Losgelöstheit, dem Schwebezustand der Seele, die solch ein Aufbruch aus dem Gefüge der Gewohnheiten bewirken kann, eröffnen sich neue Erlebnisbereiche. Dieses Mal ist es die Lektüre des Neuen Testamentes im griechischen Urtext, die einen inneren Lebensumschwung bewirkt.

Nicht von ungefähr vollzieht sich dieser geistige Umbruch zum Ende der Zwanzigerjahre, der Zeit, die bei behutsamer Aufmerksamkeit in jedes Menschen Leben einen Einschnitt erkennen läßt. – Der natürliche Kräfteschwung, der einen – wenn es gut geht – ein Stück Wegs in das Leben hinein begleitet, verebbt. Jetzt gilt es, sich in Selbstzucht Neues zu erringen.

Diese Zäsur ist in der Biographie von Wilberforce besonders deutlich. Gewiß – er ist reich, begabt, geliebt –, aber sein Leben hat kein Gewicht. Wo ist das Ziel, das den Einsatz all seiner Kräfte braucht? Um dessentwillen es sich verlohnt, zu leben? Sein Gewissen sagt ihm überdies deutlich, daß er noch gar kein Christ ist. Es scheint, daß sein Schicksal in dieser Inkarnation wie unbeschwert von persönlichen Lasten ist.

Und nun tritt das Außerordentliche dieser Individualität in Erscheinung! Man könnte sich ja begnügen mit dem bloßen Lebensgenuß, der unzähligen Menschen heute als das erstrebenswerte Ziel vorschwebt. Nicht aber Wilberforce. Das Schicksal braucht seine Schwere. Die Kräfte erfordern Aufgaben. Stellt das persönliche Leben sie nicht, so hat das überpersönliche Menschheitsgeschick deren genug.

Bei der Rückkehr von der zweiten Reise erschien ihm seine bisherige Lebensführung schal. Er zog sich vom geselligen Leben zurück; die dunklen Schwingen der Schwermut umschatteten seine Seele mehr und mehr. In solchen Augenblicken ist der gute Rat eines Freundes von unschätzbarem Wert. »Geh zu John Newton (einem calvinistischen Seelsorger und Prediger), der kennt sich aus auf Seelen- und Geisteswegen.« Lange umschritt er das Haus, bis er es wagte, die Glocke zu läuten. Dann stand er einer mächtigen Gestalt gegenüber, deren gekerbtes Gesicht mit den durchdringenden Augen den Menschen verriet, dem Lebenserfahrungen ein gütiges Wissen geschenkt hatten. Hier konnte sich Wilberforce anvertrauen und fand den kundigen Zuspruch, der ihm nottat. Aber sicher solle er im Parlament bleiben. Dort könne er noch viel Gutes bewirken, mehr als im Kloster. Er müsse auch nicht alle Freuden des Lebens aufgeben. Das Innere jedoch bedürfe einer straffen Führung und Pflege der religiösen Kräfte.

Doch nicht nur Trost und Ermutigung empfing Wilberforce von John Newton. Warum wurde der Pfarrer »The old African Blasphemer« genannt? Es dauerte nicht lange, bis Wilberforce die Geschichte dieses seltenen Menschen erfuhr, der selbst zu den Sklavenhändlern gehört hatte, und dadurch Einblick in Lebensbereiche tat, von deren Existenz er bislang keine Ahnung gehabt hatte. – Sklaven, unfreie Menschen, ja das gab es irgendwo. Aber daß man mit ihnen auf die grausamste Weise Handel betrieb, was wußte man davon? Und das tat nicht irgendwer – das tat sein eigenes Volk! Von Liverpool aus segelten die Schiffe zur Goldküste Afrikas, um vorwiegend Alkohol zu verkaufen. In

WILLIAM WILBERFORCE

1759 – 1833

welcher Währung wurde gezahlt? Buchstäblich in einer schwarzen. Das sah in der Praxis u. U. folgendermaßen aus. Der Häuptling, der die Ladung kaufen wollte, schickte seine Krieger in ein benachbartes Dorf, sie steckten es in Brand und trieben die Männer und Frauen vor sich her bis zum Hafen. Dort wurden sie aneinandergekettet und je zwei zu zwei in den unteren Räumen des Schiffes aufein-andergestapelt, und dann fuhren diese Sklaven-Schiffe auf der sogenannten Mittel-Linie nach Amerika oder West-Indien. Dort wurde die schwarze Ladung verkauft (man brauchte ja Arbeiter für die Baumwollfelder usw.), und reich beladen mit Zucker oder Baumwolle kehrten sie nach England zurück.

Dabei waren sich die Sklavenhändler, so auch einst John Newton, keiner besonderen Schuld bewußt. Neger, Schwarze – das waren doch keine Menschen wie Du und ich! Meine nun ja keiner, das sei eben die Primitivität und Rückständigkeit der damaligen Zeit gewesen! Unser 20. Jahrhundert steht an gedankenloser Brutalität dem 18. Jahrhundert nicht im geringsten nach, man braucht sich nur die Ausrottung der Armenier und die Grausamkeit gegenüber den Juden vor Augen zu stellen.

Einmal, als ein furchtbares Unwetter sein Schiff hin und her schleuderte und die Schreie der hilflosen Sklaven noch das Tosen des Sturmes durchschnitten, da hob sich das Dunkel der Unwissenheit von Newtons Seele, und er wurde sich bewußt, daß er ein anderes Leben beginnen müsse.

Jetzt hatte auch Wilberforce sein Lebensziel gefunden. Doch, es verlohnte noch, auf Erden zu bleiben, solange solche Aufgaben warteten. War es das Menschheitsgewissen, das sich in diesem vornehmen Engländer regte? Berührte ihn ein Strahl der Empfindungssonne, die heute einem jungen Russen (W. Niljkij) momentweise die Schicksalslandschaft der Erde erleuchtet und ihn rufen läßt: »Christi Antlitz! Eile dich! Heile seine Wunde! ...«

Von Stund an wird Wilberforce dieses Ziel, das Verbot des Sklavenhandels, letztlich die Aufhebung der Sklaverei überhaupt, bis an das Ende seines Lebens nicht mehr loslassen. – Wie hatte er es nur vergessen können, daß diese Schicksalsglocke schon einmal leise in seinem Leben erklungen war! Als 14jähriger Schüler hatte er doch bereits schon einmal einen Protestbrief an eine Yorkshire Zeitung gerichtet und den Handel mit »menschlichem Fleisch« auf das schärfste verdammt. Wie konnte das entschwinden!

Nun aber wird aus der flüchtigen kindlichen Empörung die ernste Lebensarbeit eines Mannes. Er ist 28 Jahre alt. Selbstverständlich würde die Forderung, diesen Handel abzuschaffen, auf den härtesten Widerstand bei den Kaufleuten in Liverpool, Bristol und London stoßen. Im Mai 1787 schlug Pitt seinem Freund vor, einen Antrag zur Sklavenfrage im Parlament einzubringen, er wolle ihn unterstützen.

Was bei der Beschaffung der Unterlagen, der umfangreichen Materialsammlung alles an menschenunwürdigen

Verbrechen ans Licht kam, war so niederschmetternd, daß Wilberforce zunächst an diesem Wissen schwer erkrankte.

Am 12. Mai 1789 – in Frankreich brach die Revolution aus – war der Tag gekommen, daß Wilberforce im vollbesetzten House of Commons seinen Antrag vorbrachte. Er sprach frei, dreieinhalb Stunden. Jetzt hatte die verzaubernde Macht seines Wortes den würdigen Gegenstand gefunden. Es war ein atemberaubendes Ereignis. Keiner konnte sich der Macht seiner Rede, der Gewalt der Wahrheit entziehen. Und dennoch wurde der Antrag in endlosen Debatten über zwei Jahre hin verschleppt und schließlich abgelehnt.

Jedoch was besagt ein Mißerfolg für die Notwendigkeit und Richtigkeit einer Sache! Lediglich das eine, daß die Zeit noch nicht reif ist, sonst nichts.

Die Ereignisse in Frankreich drängen sich nun in den Vordergrund des Bewußtseins. Der Krieg zwischen Frankreich und England nimmt die Gedanken des Premierministers Pitt vollständig in Anspruch. Die beiden Freunde sind in politischen Dingen nicht immer der gleichen Ansicht. Aber glücklicherweise ist ihr Bund in solchen Tiefen gegründet, daß auch vorübergehende Trübungen ihn nicht zerstören können.

Unbekümmert jedoch um die Weltverhältnisse stellt Wilberforce Jahr für Jahr seinen Antrag im Parlament, bis er endlich, nach 18 Jahren, 1807, angenommen und bestätigt wurde. Jetzt war es erreicht. Pitt, der ein Jahr zuvor verstorben war, erlebte diesen Sieg nicht mehr. Menschenjagd, Verschleppung und Sklavenhandel wurden gesetzlich verboten. Ein ungeheurer Jubel erfüllte das Parlament. Die Begeisterung kannte keine Grenzen. Etwas Wichtiges ist für die ganze Welt geschehen. Tränen strömen über Wilberforces Antlitz.

Was hatte sich in diesen Jahren alles ereignet! Mit der neuen Lebensaufgabe zugleich hatte Wilberforce begonnen, seine Lebensführung neu zu ordnen. Keineswegs wurden Geselligkeit und Vergnügen ausgeschaltet; aber zunächst mußten regelmäßig ausgesparte Zeiträume geschaffen werden, die dem Studium und der religiösen Übung gewidmet waren. In dieser Zeit reifte auch ein Buch, »Practical View of real Christianity«. Wie wird das Christentum praktisches Leben? Dem Buch war ein großer Erfolg beschieden, nicht nur im eigenen Land, es wurde in viele Sprachen übersetzt.

1797, mit 37 Jahren, heiratete Wilberforce, und allgemach füllte sich das Haus mit einer glücklichen Kinderschar. Über dem Spiel mit Kindern konnte der Staatsmann alle Sorgen vergessen, da sprudelte der Quell der Einfälle, und in der Sphäre seliger Heiterkeit glänzte wieder etwas von der Engelhaftigkeit seines Wesens auf. Man muß sich dieses Hauswesen ganz poesiedurchtränkt vorstellen. An vielen Abenden las Wilberforce der Familie aus der neuesten Literatur vor. Wordsworth, der berühmte Romantiker, war sein Freund. Die köstliche Beschreibung der gemeinsamen Familienferien im Lake-District zeigt, wie unbeschwert das Leben damals noch war trotz aller Sorgen. Oder konnte man sie leichter tragen, weil man den Aufschwung in die Bereiche von Kunst und Religion noch besser verstand?

Neue Sorgen traten zu den alten hinzu. Zwar war der Sklavenhandel nun gesetzlich verboten, die Sklaverei selbst jedoch bestand in den Kolonien ungehindert fort, und Wilberforce wußte, daß sein Lebenswerk unvollendet bleiben würde, wenn es ihm und seinen Freunden nicht gelingen könnte, diese Herabwürdigung des Menschen zur Ware, die man in einem Atem mit Reis und Zucker nennen durfte, aufzuheben. Wir brauchen nur an den Kampf Lincolns in Amerika zu denken oder an die Bemühungen von Zar Alexander in Rußland (dem Wilberforce übrigens 1814 in London begegnete), um zu gewahren, daß sich da ein neues, umfassenderes Bewußtsein für Menschenwürde überall herausringen will.

1822 wird die Anti-Slavery-Society gegründet. Man mußte sich ja auch Gedanken darüber machen, wie man die Plantagenbesitzer entschädigen konnte, wenn sie nun in ein neues Verhältnis zu ihren Arbeitern gesetzt wurden.

Auch in England selbst tauchten mit der Industrialisierung Probleme auf, den alten gar nicht unähnlich. Die Erfindung der maschinellen Webstühle war gewiß ein großer Fortschritt, zugleich brachte sie zahllosen Menschen jedoch Elend über Elend und ließ unversehens eine neue soziale Klasse entstehen: das Proletariat. Sklaven wurden in den Fabriken nicht beschäftigt, aber Kinder bis zu vierzehn Stunden am Tag! Die Arbeit eines 9jährigen Kindes war wohlfeil. Man konnte einen 12jährigen Knaben auch in den finsteren Kamin zur Reinigung hinaufjagen, und wenn ihm graute und er umkehren wollte, hielt man ihm Feuer unter die Sohlen. Wir wissen gar nicht, auf wieviel Qual und Blut sich unser Wohlleben gründet.

Ein neuer Kampf begann, dessen Ende Wilberforce nicht mehr erlebte. 50 Jahre dauerte es, bis diese entsetzliche Ausbeutung der Kinder verboten wurde.

Das Leben neigte sich. Wilberforce fühlte, daß es an der Zeit war, sich einen Nachfolger zu suchen, der sein Werk fortsetzte, und er fand ihn in dem jungen Quäker Fowell Buxton. Sollte es ihm nicht mehr gelingen, die Aufhebung der Sklaverei durchzubringen, dieser würde es schaffen.

Zeitlebens war Wilberforce ein begüterter Mann gewesen, der es sich leisten konnte, ein großes Haus zu führen. Hatte er zu unbesorgt und freigebig verschenkt nach allen Seiten, kamen unglückliche Umstände hinzu – jedenfalls verlor er 1830, an seinem Lebensende, einen großen Teil seines Vermögens, so daß er sein eigenes Heim aufgeben mußte und fortan mit seiner Frau bei den Kindern abwechselnd Unterkunft fand. Sein Leben nimmt Pilgerstil an.

Das Schicksal schenkt ihm kurz vor seinem Tode noch einmal eine große Stunde. Am 12. April 1833 sollte im Parlament der Antrag auf die Abschaffung der Sklaverei noch einmal vorgetragen werden. Wer könnte das besser vertreten als dieser alte Mann? Die »Stimme des Engels« war leiser geworden, aber hatte nicht an Eindringlichkeit verloren, im Gegenteil: Klang innerlich nicht etwas vom ehernen Posaunenton des Erzengels hindurch, seit er das Schicksal einer Rasse zu seinem eigenen gemacht hatte? Am Schluß seiner Rede drang ein Sonnenstrahl in den Raum. Wilberforce schaute auf und rief: »Das Himmelslicht scheint auf uns und unser Bemühen.«

Eine Woche später wurde er schwer krank, aber er durfte noch erfahren, daß das Parlament dem Gesetz zugestimmt hatte und England bereit war, 20 Millionen als Lösegeld zu zahlen. Am 29. Juli 1833 schloß er die Augen. Ein Jahr später, am 31. Juli 1834, wurde das Gesetz durch das Wort des Königs rechtskräftig, und 800000 Sklaven wurden freie Menschen.

Was vermag ein einzelner Mensch? Alles im Rahmen seines Schicksals – wenn er seine Selbstverwirklichung in der Verantwortung für Menschheitsgeschicke sucht.

ABRAHAM LINCOLN

Ein soziales Gewissen

Hie und da blitzen durch die Wolken, die geschichtsträchtig über Europa lagern, Bilder einer anderen Welt, einer jungen Erde, eines neuen Kontinents und locken zum Aufbruch in erfrischende Helle.

So dringt plötzlich in die Weltabgeschiedenheit der Vogesen ein Ruf und will Oberlin nach Amerika holen – und er hätte nicht übel Lust, ihm zu folgen.

Und wie merkwürdig erstaunlich, wenn bei Goethe am Schluß von Wilhelm Meisters Wanderjahren die Gruppe der Handwerker auftaucht und sich zum Weltbund erweitern möchte in tüchtiger Zielstrebigkeit. Man wird das Bild nicht so leicht vergessen, wie sie paarweise aufbrechen, singend, mit ruhig rüstigem Schritt – nach Amerika.

> »Bleibe nicht am Boden heften,
> Frisch gewagt und frisch hinaus!
> Kopf und Arm mit heitern Kräften,
> Überall sind sie zu Haus;
> Wo wir uns der Sonne freuen,
> sind wir jede Sorge los.
> Daß wir uns in ihr zerstreuen,
> Darum ist die Welt so groß.«

Dieser Zug zur neuen Welt ist immer verbunden mit einem sozialen Gestaltungswillen. Aber war es denn wirklich ein neuer, ein junger Kontinent, der so verlockend rief? Es ist doch längst bekannt, daß Kolumbus 1493 Amerika keineswegs neu, sondern wieder entdeckte, diesen, dem europäischen Bewußtsein für mehrere Jahrhunderte entsunkenen Kontinent, sozusagen zufällig, wieder einfügte in das historische Weltgebäude des Mittelalters.

Die Götter hatten zweifellos ihre Gründe, eine Zeitlang einen Vergessenheitsschleier über diese Erdenhälfte zu ziehen, die nun mit dem funkelnden Glanz der Frische und unverbrauchten Kraft in den Sichtraum der Geschichte tritt. Was treffen die Auswanderer dort an? Ganz gewiß – eine ursprüngliche Erde, deren Wildwuchs die ungeahntesten Möglichkeiten der schöpferischen Bearbeitung verspricht. Gleichzeitig jedoch auf sozialem Gebiet ein feuerflüssiges, brodelndes Chaos. Die alten Bewohner werden mehr oder weniger brutal zurückgedrängt. Die Kolonialländer verbünden sich und ringen um Volkwerdung. Gleichzeitig taucht riesengroß am Horizont der dunkle Schatten des Rassenproblems auf. Da sind ja nicht nur die Kolonialisten verschiedenster Völker oder die langsam zurückweichenden Indianer – da sind auch Neger, schwarze Menschen, die man in Afrika gekauft hat, um billige Arbeitskräfte zur Urbarmachung und Nutzung des Landes zu haben. Die Südstaaten verdanken ihren Reichtum weitgehend der Sklavenarbeit der Neger.

Aber ist dieses Gebaren vereinbar mit der Proklamation

der Freiheit und Gleichheit durch die allgemeinen Menschenrechte, die zur Grundlage der Staatenbildung erhoben wird?

Was will sich da in schwersten Kämpfen durchringen? Werden Völker, Rassen, Menschen durcheinandergerüttelt, damit auf dem Grunde etwas sichtbar wird, das allerdings ein Neues in der Welt ist: das Ich, die Individualität. Und lösen sich die Spannungen in der Welt, wenn *ein* Mensch sie standhaft in sich durchträgt? Diese Aufgabe wurde Abraham Lincoln zugesprochen.

Betrachtet man die Bilder dieses Mannes, so hat man den Eindruck: Jedes Bild zieht das Geheimnis dichter um das Rätsel dieser Persönlichkeit – bis auf das letzte kurz vor seinem Tode aufgenommene. Immer sieht man diese übergroße hagere Gestalt, an der die Kleider wie an einem Kleiderstock hängen, der markige Kopf mit den tiefliegenden alles durchdringenden Augen, der Mund, Strenge und unbeugsamen Willen nach außen hin manifestierend; aber dieser eindrucksvolle Charakterkopf sieht in seiner Ungeschlachtheit mehr wie ins unreine geschrieben aus. Dahinter verbirgt sich noch ein ganz anderer. Und der scheint in der Tat im letzten Bild, das kurz vor seinem Tode aufgenommen wurde, hindurch. Es ist das einzige Bild, das ein Lächeln zeigt, dessen Augen wie in sich verdunkelt sind. Da schmilzt etwas sehr Weiches, sehr Zartes die kantigen Mauern auf. Der Genius beginnt einen Willen freizugeben, nicht ohne ihn zuvor mit dem Ausdruck demütiger, übermenschlicher Güte versiegelt zu haben.

Es ist der 3. April 1865, kurze Zeit also vor der Ermordung. Richmond ist erobert, damit der Krieg gewonnen. Lincoln ist mit einem Schiff den Potomac hinaufgefahren und geht nun, seinen Lieblingssohn Tad an der Hand, an Land. Niemandem kommt der Gedanke an ein Attentat.

»Am ersten Landungsplatze Böschung, kleines Haus, sie steigen an Land. Ins Grün gebettet liegen die weißen Häuser der südlichen Stadt, wohlerhalten, aber unheimlich menschenleer, still; nur ein Dutzend Neger arbeitet grabend, geleitet von einem Alten. Plötzlich richtet sich dieser auf, tut die Hände an seine Augen, dann läßt er die Schaufel fallen: ›Herrgott im Himmel, da ist der große Messias! Ich habe ihn gleich erkannt! Lange, lange habe ich ihn in meinem Herzen, und jetzt ist er gekommen, um seine Kinder aus der Knechtschaft zu befreien! Hallelujah!‹ Indem er sich nach Art getaufter Neger rasch ins Biblische steigert, fällt er auf die Knie, küßt dem Befreier die Füße, die andern tun es ihm nach. Da liegen sie, ein Dutzend arme Sklaven, grabend, als wäre nichts geschehen, stumpf, als hätte sich nicht ihr Schicksal heute entschieden, und der riesige weiße Mann, grau und hager, steht zwischen ihnen, verwirrt und verlegen, er sagt: ›Kniet nicht vor mir! Das ist nicht recht! Ihr müßt vor Gott knien! Dem müßt ihr für die Freiheit danken, die ihr jetzt haben sollt. Ich bin nur sein Werkzeug. Aber solange ich lebe, da könnt ihr sicher sein, soll euch keiner eine Fessel anhängen, und ihr sollt alle Rechte haben, so gut wie die andern Bürger.‹«[*]

[*] E. Ludwig: »Abraham Lincoln«, Berlin 1930.

Sie bilden einen Kreis um ihn, singen ein Kirchenlied, schweigend steht der Herr in der Mitte und wartet. Dann aber wird es plötzlich lebendig auf der Straße, es scheint, Neger wachsen aus der Erde, laufend, rennend kommen sie über die Hügel und vom Ufer. Der Präsident hebt die Hand, und plötzlich ist alles totenstill.

»Meine armen Freunde. Ihr seid frei. So frei wie die Luft. Den Namen eines Sklaven könnt ihr abwerfen und könnt darauf trampeln. Er wird nie wiederkommen. Die Freiheit ist euer angeborenes Recht. Gott hat sie euch wie den andern gegeben. Es war eine Sünde, sie euch so lange zu rauben. Aber jetzt müßt ihr versuchen, dieses große Geschenk zu verdienen. Zeigt der Welt, daß ihr es durch gute Taten erwerbt. Macht keine wilden Schritte. Haltet die Gesetze und gehorcht ihnen. Gehorcht Gottes Geboten und dankt ihm, daß er euch die Freiheit gab, denn ihm verdankt ihr alles. So. Und jetzt laßt mich vorbei. Ich habe nur wenig Zeit. Ich will die Hauptstadt sehen und muß gleich nach Washington zurück. Dort will ich euch diese Freiheit sichern, die ihr so hoch zu schätzen scheint.«

Am 1. Januar desselben Jahres hatte Abraham Lincoln in Washington das Dokument, das den Sklaven die Freiheit gab, verlesen und mit seinem Namenszug unterschrieben.

»Daß alle Personen, die in den genannten Staaten oder Staatsteilen als Sklaven gehalten werden, frei sind und von nun an frei bleiben und daß die Regierung der Staaten, einschließlich der militärischen und Flottenautoritäten, die

Freiheit der genannten Personen anerkennen und aufrecht-erhalten werden.

Für diese somit für frei erklärten Personen füge ich hin-zu, daß sie sich von aller Gewalttat fernzuhalten haben, es sei denn in Notwehr, und ich empfehle ihnen, in allen er-laubten Fällen anständig für vernünftigen Lohn zu arbei-ten.

Ich erkläre ferner und mache kund, daß solche Personen von ordentlicher Führung in den Waffendienst der Ver-einigten Staaten für Garnison, Forts, Stellung, Station und andere Punkte und auf die Schiffe zu jeder Art gedachten Dienstes aufgenommen werden.

Daß dieser Akt als ein Akt ernster Gerechtigkeit emp-funden ist und garantiert worden durch die Verfassung als militärische Notwendigkeit, dafür rufe ich das gerechte Urteil der Menschheit und die Gnade des allmächtigen Gottes an.

Dessen zum Zeichen setze ich hierunter meine Hand und das Siegel der Vereinigten Staaten. Geschehen in der Stadt Washington, den 1.Januar anno Domini 1863, im 87.Jahre der Unabhängigkeit der Vereinigten Staaten.«

Mehr als eine Million Neger erhalten durch Abraham Lincoln ihre Menschenwürde und Freiheit zurück.

Diese Freiheitsproklamation entfesselt einen ungeheuren Jubelsturm. Fremde Menschen umarmen sich, Männer scheuen sich nicht, ihre Tränen zu trocknen, man steigt auf die Sitze, und unter denen, die zwei Stunden lang am Prä-sidenten vorbeidefilieren, um ihm zu danken, sind viele

Neger, die seine Hände küssen und lachend und weinend ihm Gottes Segen wünschen.

So krönt sich ein Lebensweg, der 1809 in äußerster Armut, in der Wildnis von Kentucky seinen Anfang nahm. Als echte Pioniere bauten die Lincolns ihre Blockhütte in die Wälder; und wenn es hieß, irgendwo im Westen, in Indiana oder Illinois sei der Boden noch fruchtbarer, das Land noch billiger, so wurde aufgeladen und man zog weiter. – Mit neun Jahren verloren die beiden Geschwister Abraham und Sarah die Mutter. Abraham hatte mit großer Liebe an der stillen, frommen Frau gehangen, und fortan zeichnet sich ein Schwermutsschatten in sein Wesen.

Der Knabe verfügt über enorme Körperkräfte. Später wird er ein gesuchter Holzfäller. Er trägt die Kraft dieser Erde in sich, aber es liegt ihm nichts daran. Mit elf Jahren tut er einen Meisterschuß – den ersten und den letzten seines Lebens. Angewidert wirft er die Flinte fort und wird nie im Leben wieder eine ergreifen. Natürlich lockt eine solche Kraft zur Herausforderung; es genügt jedoch, daß er einmal einen hänselnden Spötter zu Boden wirft, um fortan seine Ruhe zu haben.

Die körperlichen Arbeiten sind notwendig in dieser Existenz, deren Härte für uns kaum vorstellbar ist. Das ist selbstverständlich – das ist aber nicht das Eigentliche: Kopfschüttelnd sieht der Vater, mit mehr Verständnis die neue Mutter, wie dieser Junge liest und liest, was er nur in die Hände bekommen kann. Von seinem zwölften Lebensjahr ab sieht man ihn buchstäblich nie mehr ohne ein Buch zur Arbeit gehen. An Hand der Bibel hat er sich diese seltene, schwere Kunst beigebracht. Die Fabeln von Äsop werden dann von dem baumlangen, auf dem Tisch oder Boden liegenden Kerl vorgelesen. Denn Lesen heißt immer laut lesen, so daß man das Wort zugleich hört. Das bleibt auch so. Als er später für kurze Zeit einen Laufladen betreibt in New Salem, finden ihn die Käufer oft auf dem Ladentisch liegen und laut lesen. Shakespeare – oder Rechtsbücher. Selbstverständlich, daß er den Leuten in der Umgebung ihre Briefe schreibt, sie vorliest, immer nach dem besten Ausdruck suchend.

Wanderprediger reisen durchs Land, und dieser seltsame Bursche läuft meilenweit, ihnen ihre Worte von den Lippen zu lesen. Oder eine Streitsache wird irgendwo ausgetragen. Hernach sitzt der junge Mann zwischen den Parteien, horcht, schaut und kann wohl auch hie und da nach langem Schweigen ein lösendes Wort sagen. Bald heißt er nur noch »der ehrliche Abe«, und man freut sich seiner Geschichten.

Berufe werden anprobiert wie Kleider: Landvermesser, Postmeister, Kaufmann.

Mit 21 Jahren trennt er sich von der Familie und wird von einem Farmer angeheuert, um zusammen mit einem Freunde Fracht auf dem Mississippi bis nach New Orleans zu bringen. Die Erlebnisse dort greifen tief in sein Schicksal ein. Man hat den Eindruck: Die losen Maschen eines Lebensteppichs ziehen sich enger zusammen und zeigen erste Formen.

Nicht nur daß sein Blick sich weitet in die reiche Kultur-
welt des Südens – wo der Junge aus den Wäldern das Meer
sehen darf –, jetzt wird sein wachsames Gemüt mit ein-
schneidender Schärfe von dem Problem der Rassentren-
nung getroffen. Zu Hunderten arbeiten die Schwarzen in
glühender Hitze auf den Baumwollfeldern, die Füße aneinandergekettet. Auch der Sklavenhalter mit der Peitsche
fehlt nicht. Das also gibt es! Wahrhaft makaber jedoch
wird die Szene bei einer Sklavenversteigerung. Wie Tiere
werden die nackten Menschen feilgeboten. Der ganze
Jammer einer jungen Negerin, deren Vorteile genüßlich
angepriesen werden, die sich immer wieder vor der breit
dastehenden Männerschar drehen und wenden muß,
gräbt sich tief in Lincolns Seele ein, macht ihn schwer-
mütig und stumm. Wie kann man leben, solange es so
etwas gibt?

Die Eindrücke der beiden Reisen in den Süden waren
entscheidend für sein Schicksal. Hanks, der Reisekamerad,
berichtet von Lincoln: »Sein Herz blutete. Er sagte nicht
viel, blieb schweigsam und sah schlecht aus. Aber ich weiß,
auf dieser Reise hat er sich seine Ansicht über Sklaverei
gebildet. Es senkte sich wie glühendes Feuer in sein Inneres. Er sagte zu mir: Ich möchte kein Sklave sein, aber ich
möchte auch kein Sklavenhalter sein.«

Zunächst übernimmt er den Kaufladen in New Salem,
und die Leute gehen gern zu ihm, der immer Anekdoten
und Geschichten erzählen, mit dem man alles bereden
kann, dessen Ehrlichkeit sprichwörtlich ist. »Abe – was

liest du da? – Ich lese nicht, ich studiere. – Was? – Jus! – Gott behüte! Dieser Mann weiß mehr als alle anderen Menschen in den Staaten.«

Wer oder was hat ihm da ein Buch der Rechtsgelehrsamkeit zugespielt, das er nun mit aller Gründlichkeit, auf dem Ladentisch liegend, laut studiert? »Ich fühle mich erst wohl, wenn ich einen Gedanken nach Nord, Ost, Süd, West umgewälzt habe.« Da legt er die Grundlage dazu, im Selbststudium ein Anwalt des Rechtes zu werden. Mit 28 Jahren hat er es geschafft und kann sich als Rechtsanwalt in Springfield niederlassen.

Gerechtigkeit – das leuchtet wie ein Richtwort über seinem Leben auf. Das hat den Erzklang archaischer Strenge und ist zugleich durchsonnt von unendlicher Güte. Gerechtigkeit ist eben mehr als das Richtige. Wie viele Begnadigungsschreiben soll er später im Krieg unterzeichnen! (»Was kann er dafür, daß Gott dem Jungen feige Beine gegeben hat!«) Sein Einfallsreichtum ist unerschöpflich, ebenso seine Genialität, mit der er den Gegner durch seine wahrhaftige Menschlichkeit entwaffnet, vor der jede politische Schläue und Intrige zusammenfällt. Er ist ja selbst ein Hinterwäldler, kennt ihre Mentalität. Bereits als Rechtsanwalt in Springfield ansässig, als Kandidat für den Kongreß aufgestellt, versäumt er – bewußt – den Termin seiner entscheidenden Wahlrede, um in einem 30 km entfernten Dorf an einer Gerichtsverhandlung teilzunehmen und als Offizialverteidiger den 15jährigen Sohn einer bekannten Familie herauszuholen. Der Junge ist des Mordes angeklagt? Mag sein – aber nun redet er die Geschworenen alle mit Namen an: Ihr kennt doch den gutmütigen Burschen von Kind auf, genau wie ich, wißt, wie man ihn gereizt und gehänselt hat, bis es zu dem unglücklichen Schlag kam, dem nur die Wut die ungewollte verhängnisvolle Kraft verlieh. Er hat an diesem Tag seine Karriere geopfert, um einer Mutter ihren letzten Sohn zu erhalten. – Was gedenken die Herren Geschworenen zu tun? Ungeheurer Jubel durchbraust den Saal, als der Freispruch ausgesprochen wird!

Ein anderes Mal genügt ein Blick in den Kalender, um allen darzutun, daß es in einer Neumondnacht schlechterdings unmöglich ist, die Schleichwege eines Mörders im Wald zu beobachten.

Oder er sagt einem Klienten, dessen Fall günstig liegt: »Ich kann Ihre Sache gewinnen und Ihnen die 600 Dollar verschaffen. Dadurch würde aber eine ehrliche Familie ins Unglück kommen. Das möchte ich nicht. Ich möchte also weder Ihren Fall noch Ihr Honorar. Gratis lassen Sie mich Ihnen aber einen Rat geben: Gehen Sie nach Hause und denken Sie nach, wie Sie auf redliche Weise 600 Dollar verdienen können.«

Nur darf man ihn nicht kränken. Nachdem er den größten Prozeß seines Lebens gewonnen, die Illinois-Bahn steuerfrei gemacht hat, und dies sogar gegen seine früheren Partner Stuart und Loghan, liquidiert er 2000 Dollar. »Das ist ja so viel, wie ein Anwalt ersten Ranges fordern könnte«, sagt der Beamte, und man schickt ihm 200. Darauf verklagt er die Bahn auf ein Honorar von 5000 und gewinnt.

Doch das greift den Ereignissen schon voraus. Wieviel müßte man zwischenhinein berichten! Was für ein seltsamer Anführer ist er doch in einer kriegerischen Auseinandersetzung mit den Indianern! Ist das eigentlich eine Führernatur, die einem gefangenen alten Indianer zur Flucht verhilft, die angesichts eines Grabens, der zu nehmen ist, den merkwürdigen »Befehl« erteilt: Die Kompanie ist für zwei Minuten aufgelöst. Sie trifft sich auf der anderen Seite des Grabens wieder.

Und natürlich muß von seiner Heirat erzählt werden mit Mary Todd, einer vornehmen Dame, aus der Gesellschaft der Südstaaten stammend. Zum ersten Hochzeitstermin kam der Bräutigam nicht. Seine Scheu den Frauen gegenüber schien unüberwindlich. Aber diese Verbindung mußte wohl schicksalsnotwendig sein, obwohl sie nicht glücklich zu nennen war. Ein Jahr später wurde sie doch vollzogen. »Hier nichts Neues außer meiner Heirat, für mich eine Sache tiefster Verwunderung.« Immerhin hat der Ehrgeiz dieser kleinen Frau wohl bei der Karriere ihres Mannes mitgewirkt, denn dieser antreibenden Kraft ermangelte er gänzlich.

Aber die Sehne war noch auf ein anderes Ziel hin gespannt. Nie wird er aufhören, einzelnen Menschen zu helfen (»... wenn der Mann keinen Freund hat, soll er mich zum Freund haben ...«); die »Gerechtigkeit« war noch umfassender mit dem gesamten Erdenschicksal herzustellen, so daß auch die Beziehungen zwischen den Völkern und Rassen das himmlische Ordnungssiegel tragen möchten.

Der Gegensatz zwischen den Südstaaten, die ihren Reichtum der Sklavenarbeit verdanken, und den Nordstaaten, die eine andere Haltung einnehmen, wird immer größer, so daß über diesem Gegensatz die mühsam errungene Union überhaupt auseinanderzubrechen droht.

Lincoln kann gar nicht anders, als die Sklaverei mit seinem ganzen Wesen verabscheuen. »Ich habe noch nie jemand gesehen, der selber wünschte, Sklave zu sein. Bedenkt, ob das eine gute Sache sein kann, die niemand für sich selber wünscht.«

Doch sein nur staatsmännisch zu nennender Weitblick erkennt zugleich, wie verhängnisvoll ein Auseinanderfallen des Staatenbundes wäre. Er ist kein Fanatiker, er ist ein Weiser.

Die Geschicke des nordamerikanischen Kontinentes ziehen das Leben dieses im Grunde einsamen und schwermütigen bescheidenen Menschen auf die Bühne des Weltgeschehens. Die Sache erfordert es, daß er sich als Kandidat für die republikanische Partei aufstellen läßt. Er spricht es gleich zu Anfang aus, daß es nur die Verpflichtung gegenüber seinem Volk ist, die ihn die Kandidatur annehmen läßt; eine Niederlage wird er persönlich mit völligem Gleichmut hinnehmen. So geschieht es auch.

Aber nun holen die Anforderungen eines öffentlichen Wahlkampfes ganz neue Kräfte seines Wesens hervor. Daß der »ehrliche Abe« ein Menschenfreund und köstlicher Geschichtenerzähler ist, weiß jeder. Daß in ihm jedoch ein Mann des Wortes lebt von nahezu biblischer Größe, archaischer Strenge und Schlagkraft, das hat man doch nicht in dieser hinterwäldlerisch wirkenden, ungeschlachten Gestalt vermutet.

Sein Rivale von der Sklaven begünstigenden demokratischen Partei, Stephen Douglas, eine vornehme Erscheinung, gestaltet seine Wahlreise zu einer festlichen Tournée mit großem Tamtam. Lincoln hat die originelle Idee, daß es doch das Verfahren vereinfachen würde, wenn sie in den Städten jeweils gemeinsam aufträten. So fährt Lincoln von August bis Oktober 1858 im billigsten Zug hinter dem Salonwagen des Gegners her. Aber im Gasthof kann er bis morgens 2 Uhr bei einer Kerze sitzen und Euklid studieren. Glaubt wer, man könne sich über diesen linkisch wirkenden Riesen mit dem bindfadenverschnürten Regenschirm amüsieren, so weicht die spöttische Überheblichkeit der Menge bald einem tiefen schweigenden Erstaunen. Hier wirbt niemand für sich oder den Erfolg seiner Partei, da bricht sich mit lapidarer Gewalt noch eine andere Stimme Bahn: die Gerechtigkeit, die auch die Eigengesetzlichkeit des Gegners anerkennt; die Gerechtigkeit, die auch in dem Andersrassigen den Menschen sieht. »Als wir uns als Nation formierten, erklärten wir, alle Menschen sind gleich geschaffen. Jetzt lesen wir es so: alle Menschen sind gleich geschaffen mit Ausnahme der Neger. Bald wird es so heißen: alle Menschen sind gleich geschaffen, außer Negern,

Ausländern und Katholiken. Geht das so weiter, so werde ich irgendwohin auswandern, wo man nicht vorgibt, die Freiheit zu lieben, zum Beispiel nach Rußland, wo man den Despotismus unverfälscht haben kann, ohne die niedrige Zugabe der Heuchelei.«

Wie wird dieser Mann, der immer mehr lernt, global zu denken, später die Aufhebung der Leibeigenschaft durch den Zaren begrüßen!

Aber das ist eine Sprache, die nicht gleichgültig bleiben läßt. So kann es sein, daß man von einer Stadt keine Nachschrift seiner Rede hat, weil – man denke – die Presseleute nach kurzer Zeit ihre Stifte fortlegten und nur noch zuhörten. Noah Brooks schildert eine Rede Lincolns in Cooper-Union, New York im Jahre 1860: »Als Lincoln sich erhob, war ich sehr enttäuscht. Er war groß, groß – o, wie groß! – Und so eckig und steif, daß ich einen Augenblick lang Mitleid hatte mit diesem linkischen Manne. Sein Anzug war schwarz und saß schlecht, er war voller Falten, als wäre er unordentlich in einen zu kleinen Koffer gepackt worden. Der buschige Kopf, mit dem zurückgeworfenen schwarzen Haar, balanzierte auf einem langen, glatten, dürren Stengel, und als er seine Hände ausstreckte, sah ich, daß sie sehr groß waren. Er fing mit leiser Stimme an zu sprechen – als wäre er gewohnt, draußen zu reden und hätte Angst, zu laut zu sprechen. Er sagte Mr. Cheerman statt Mr. Chairman, und so ging es ihm mit vielen anderen Wörtern, die er schlecht aussprach. Ich dachte bei mir: Alter Freund, du bist hier nicht am Platze; das geht schlecht und recht für den Wilden Westen, aber in New York ist das unmöglich. – Aber in kurzer Zeit änderte sich alles; er richtete sich auf und machte regelmäßige und gute Bewegungen; sein Gesicht leuchtete von innen heraus, der ganze Mensch war wie umgeändert. Ich vergaß seine Kleidung, sein Aussehen, seine Eigenheiten. Nach und nach vergaß ich mich selbst, stand auf wie die andern, schrie wie ein wilder Indianer und feierte diesen wundervollen Mann. Manchmal während seiner Rede konnte man das Summen der Gaslichter hören. Wenn er irgendeinen Höhepunkt erreichte, gab es donnernden Beifall. Es war eine große Rede. Als ich mit einem vor Aufregung glühenden Gesichte, am ganzen Leibe zitternd, die Halle verließ, fragte mich ein Freund mit glänzenden Augen, was ich von Lincoln halte. Ich sagte: Er kommt gleich nach dem heiligen Paulus. Und so denke ich heute noch.«

Auf den ersten Anlauf hin wurde er noch nicht gewählt. Aber er war bekannt geworden. 1860 ist es dann so weit: »Mary, wir sind gewählt!« Er ist Präsident der Vereinigten Staaten. Der Ehrgeiz der kleinen Frau feiert Triumphe. Und Abraham Lincoln selbst? Merkwürdige Gesichte bedrängen ihn.

»Einmal, nach einem verwirrten und erschöpfenden Tage, warf er sich zu Haus auf sein altes Sofa, gegenüber einem Schrank mit Spiegeltür. Wie er dalag und sich drüben in voller Länge gespiegelt sah, bemerkte er, sein Gesicht hätte zwei gesonderte Spiegelbilder, die Spitze der Nase des einen wäre ungefähr drei Zoll höher als die des andern: ›Das störte mich etwas, ich war sogar leicht erschrocken, stand auf, sah hinein, die Illusion verschwand. Wie ich mich aber wieder hinlegte, sah ich sie ein zweites Mal, womöglich noch deutlicher, und jetzt sah ich auch, eines von den beiden Gesichtern war etwas blasser, sagen wir fünf Schattierungen blasser. Ich stand auf, das Ding verschwand wieder. Dann ging ich weg und vergaß alles wieder in den Aufregungen der Zeit. Aber nicht ganz, die Sache kam wieder hoch, sie gab mir einen kleinen Stich, als wäre etwas Unangenehmes geschehen. Als ich eines Nachts nach Hause ging, erzählte ich es meiner Frau. Ein paar Tage später wiederholte ich den Versuch, und – mit einem Lachen – faktisch, das Ding kam wieder. Nachher aber ist es mir nie wieder geglückt, den Geist zu rufen, obwohl ich einmal sehr bemüht war, es meiner Frau zu zeigen, die sich deshalb recht ängstigte. Sie hielt es für ein Zeichen, ich würde nochmals gewählt werden, würde aber, wegen der Blässe des zweiten Gesichtes, diese zweite Amtszeit nicht überleben.«

Als der neue Präsident die Koffer selber verschnürt und mit Kreide adressiert hat – Weißes Haus, Washington –, scharen sich die Einwohner von Springfield um den abfahrenden Zug, und es kommt zu einem bewegenden Abschied.

»Liebe Freunde, niemand ... ermißt meinen Schmerz bei dieser Trennung. Dieser Gemeinde verdanke ich alles, was ich bin. Hier habe ich länger als ein Vierteljahrhundert verlebt und bin vom jungen zum alten Manne geworden.

Hier stand die Wiege meiner Kinder, und hier liegt eines begraben. Ich weiß nicht, ob oder wann ich wiederkehre. Vor mir liegt eine Pflicht, schwerer vielleicht, als sie irgendeinem seit Washingtons Tagen aufgebürdet wurde. Ohne die Vorsehung wäre ihm sein Werk nicht geglückt. Meine Sache, das fühle ich, hängt von demselben Beistand ab. Laßt uns vertrauen auf ihn, der mit mir gehen und doch bei euch bleiben kann, der überall zum guten Ende gegenwärtig ist. Laßt uns hoffen, daß alles noch gut werde … Nochmals, lebt wohl!«

Die Spanne, die ihm das Schicksal noch gewährt, ist kurz bemessen. Aber es ist ja manchmal so, daß das Leben sich hinzögert, Zeit läßt, damit man dann in den wenigen Monaten oder Jahren, auf die es ankommt in dieser Inkarnation, das Notwendige tun kann.

Es ist phänomenal, wie dieser zunächst verlegen, fast schüchtern wirkende Mann mit selbstverständlicher Würde sein Amt antritt und sich durch Klugheit und Entschiedenheit Respekt zu verschaffen weiß. »Der Präsident weiß mehr als wir alle«, raunt man sich unter den Politikern zu.

Es sieht fast so aus, als hätten die Schicksalsmächte dieses Erdteils nur darauf gewartet, daß ein Abraham Lincoln die Führung übernimmt, daß sich nun das schon lange anrollende Gewitter entladen kann. Die Südstaaten trennen sich als sogenannte Konföderierte von der Union, und bald darauf lösen sie durch die Schüsse auf Fort Sumter den Krieg aus. Das so gescholtene Zuwarten des Präsidenten erbrachte nun den eindeutigen Beweis, daß nicht die Regierung das Unheil herbeigeführt hatte.

Die Zeit der Präsidentschaft Lincolns steht unter dem fortwährenden Druck dieses Krieges. Da der Norden zunächst über keine tatkräftigen Generäle verfügt, zieht sich der Krieg in die Länge. Immer neue Truppen müssen ausgehoben werden, und da dieser Politiker alle menschlichen Tragödien mitleidet, ist der Höhepunkt seiner Karriere gekennzeichnet von zunehmender Tragik.

Ja, die Sklaverei muß aufhören, jedoch der Bestand der Union darf darüber nicht zerbrechen. Nichts und niemand kann ihn aus seiner weitblickenden Geduld reißen. Aber die Furchen in seinem Gesicht kerben sich tiefer. Doch, man sieht ihn auch zuweilen lachen und wundert sich, wie er Schnurren erzählt. Deswegen zur Rede gestellt, richtet er sich groß auf: Ich muß etwas tun, damit ich nicht immerzu weine.

»Da man einem Volk so wenig ausweichen kann wie Gott« – Gott und Volk, das also sind die stummen geistigen Partner für Abraham Lincoln. Von daher werden seine Reden inspiriert.

»Gottes Wille regiert. In großen Kämpfen behauptet jede Partei, in Harmonie mit ihm zu handeln. Beide können und eine muß im Unrecht sein. Gott kann nicht für und gegen dieselbe Sache zur selben Zeit sein. In diesem Bürgerkriege ist es möglich, daß Gottes Zweck ein ganz anderer ist als der Zweck beider Parteien. Und doch sind die menschlichen Mittel, wie sie gerade tätig sind, die besten, um seinen Zweck durchzusetzen. Fast bin ich bereit zu erkennen, daß Gott wirklich diesen Krieg will und daß er ihn noch nicht beendigt sehen möchte. Allein durch seine große Macht über die Seele der Kämpfenden hätte er die Union erhalten oder zerstören können ohne einen Kampf der Menschen. Dennoch brach er aus, und da er einmal ausgebrochen war, konnte er den Sieg einem oder dem andern geben. Und doch geht der Kampf weiter.«

»Alle kennen den Fortschritt der Armee, an dem alles hängt, so gut wie ich selbst ihn kenne, und das ist, wie ich vertraue, eine Genugtuung und Ermutigung. Bei aller Hoffnung auf die Zukunft ist doch eine Voraussage nicht angebracht ... Beide Parteien lasen dieselbe Bibel und beteten zum selben Gott, jeder rief seine Hilfe gegen den andern an. Es mag wunderlich erscheinen, daß jemand eines gerechten Gottes Hilfe anrufen kann, um weiterhin sein Brot aus dem Schweiße anderer zu ziehen. Aber laßt uns nicht richten, damit wir nicht gerichtet werden. Die Gebete auf beiden Seiten konnten nicht erhört werden. Keines ist ganz erhört worden. Der Allmächtige hat seine eigenen Vorsätze ... Sünden müssen kommen. Wehe aber dem Mann, durch den das Übel kommt! Wenn wir annehmen, daß die Sklaverei in Amerika eines jener Übel ist, die nach Gottes Ratschluß kommen müssen, die er aber nach einer gewissen Dauer beseitigen will, und daß er beiden, Norden und Süden, diesen furchtbaren Krieg beschert hat als das Gericht, das dem bestimmt ist, durch den das Übel gekommen ist, müssen wir darin ein Abweichen von jenen Eigenschaften erkennen, die die an einen lebendigen Gott Glaubenden ihm immer zuschreiben? Wir hoffen zutiefst, wir beten mit Inbrunst, daß diese mächtige Geißel des Krieges rasch enden möge. Aber wenn Gott will, daß sie weiterwirkt, bis aller Reichtum, der durch die unbelohnte Mühsal der Geknechteten während 250 Jahren aufgehäuft worden, hinabgesunken ist und bis jeder Tropfen Blut, der durch die Peitsche geflossen ist, durch einen andern bezahlt sein soll, der durch das Schwert fließt, so muß es noch immer dabei bleiben, was vor dreitausend Jahren verkündet wurde: die Gerichte des Herrn sind wahr und gerecht.«

Die 800 Gnadengesuche, die er während der Kriegszeit bewilligt, zeigen, wie der Präsident väterlich die Kümmernisse seiner Landeskinder teilt. Das fühlen die Menschen, und so kann ein alter Mann aus dem Norden sagen: »Wir hier glauben an Gott und an den Vater Abraham.«

Nach vier Jahren wird er, was keine Selbstverständlichkeit war, wiederum zum Präsidenten gewählt. Lincoln nimmt an: »Ich halte mich nicht für den besten Mann – nur es ist nicht gut, die Pferde zu wechseln, während man über den Strom setzt.«

Charakteristisch ist die Rede zur Einweihung des Nationalfriedhofs in Gettysburg 1863. Sein Vorredner hatte fast zwei Stunden gesprochen. Die Menschen waren müde. Dann aber werden Worte gesprochen, die noch heute fast jeder Amerikaner kennt:

»Vor 87 Jahren gründeten unsere Väter, auf Grund der Annahme, daß alle Menschen gleich sind, auf diesem Kontinente eine neue Nation, die der Freiheit dienen sollte. Jetzt sind wir in einen großen Bürgerkrieg verwickelt, der zeigen soll, ob diese oder irgendeine andere Nation, die sich aus diesem Gedanken entwickelt hat, Bestand haben wird. Wir haben uns hier auf einem der großen Schlachtfelder Amerikas versammelt. Einen Teil dieses Feldes wollen wir zum Ruheplatz derer weihen, die hier ihr Leben ließen, damit die Nation bestehe. Es ist recht und billig, das zu tun.

Aber, wenn wir es recht bedenken, sind nicht wir es, die weihen. Wir können diesen Grund weder weihen noch segnen. Die tapferen Menschen, die hier kämpften, Lebende und Tote, haben ihn weit besser gesegnet, als wir das tun konnten. Die Welt wird dem, was wir hier sagen, wenig Bedeutung beimessen und es nach kurzer Zeit vergessen, aber nie kann sie vergessen, was hier geschah. Wir, die Lebenden, sollten eher dem unvollendeten Werk geweiht werden, das von denen, die hier fochten, auf so edle Weise begonnen wurde. Wir sollten dem großen Unternehmen, das vor uns liegt, geweiht werden, so daß wir von diesen unvergeßlichen Toten eine Weihe empfangen für das, wofür sie ihr Leben hingaben; und wir wollen fest entschlossen sein, so zu handeln, daß diese Toten ihr Leben nicht umsonst gelassen haben, daß diese Nation unter Gottes Schutz eine neue Freiheit schaffen und daß die Regierung des Volkes durch das Volk und für das Volk nie untergehen kann.«

Das letzte Lebensjahr bricht an. Es bringt die Aufhebung der Sklaverei; es bringt das Ende des Krieges; es bringt – wenige Tage später – Lincolns Tod.

Endlich hatte sich in General Grant ein fähiger Feldherr gefunden, und es wurde den Nordstaaten ein klarer Sieg zuteil. Von Stund an war es Lincolns Bemühen, die Saat der gegenseitigen Feindschaft zu vernichten und am Aufbau einer neuen Gemeinsamkeit der Staaten zu wirken.

»Mit Feindschaft für niemand, mit Liebe für alle, mit Beständigkeit im Recht, wie Gott es uns gibt, das Recht zu erkennen, laßt uns streben das Werk zu vollenden, an dem wir bauen, die Wunden der Nation zu verbinden, für den zu sorgen, der die Schlachten ertragen hat, für seine Witwe und seine Waisen, alles zu tun, was einen gerechten und dauernden Frieden errichten und erhalten kann, unter uns und mit allen Völkern!«

Das Werk ist erfüllt.

Warum durfte er das Glück nicht auskosten? Mit einem Male wird dieses Schicksal in eine andere Dimension erhöht. Da werden auch die äußeren Begleitumstände zeichenhaft. Als der Präsident am 4. März 1865 zum zweiten Male gewählt wird, an einem regnerischen, stürmischen Tag, da bricht, als er mittags heraustritt, um seine Rede zu halten, plötzlich die Sonne strahlend durch das Gewölk*.

Aber es gibt auch noch Vorzeichen anderer Art. Es geht auf die Karwoche zu. Anfang April hat er einen erschüt-

* Vgl. R. Frieling, Abraham Lincoln, in: Die Christengemeinschaft, April 65.

ternden Traum. Rings um ihn ist Wehklagen und Schluch-
zen. Daraufhin erhebt sich Lincoln und geht dem Weinen
nach von Zimmer zu Zimmer. Alles ist zwar hellerleuch-
tet, aber menschenleer, bis er zum Repräsentationszimmer
gelangt, in welchem auf einem Katafalk ein Leichnam auf-
gebahrt ist. »Wer ist gestorben im Weißen Haus?« fragt
er den wachhabenden Soldaten. »Der Präsident«, ist die
Antwort, »von einem Attentäter ermordet.« Erwacht,
schlägt er die Bibel auf und trifft auf die Genesis, die von
Jakobs Träumen erzählt. Tagelang ist sein Wesen von einer
gewissen Feierlichkeit geprägt, so daß es seiner Umgebung
auffällt.

Ein halbes Jahr zuvor hatte ihn hinterrücks ein Schuß
durch den Hut getroffen. Das hatte ihn nicht angefochten.
»Der Herr ist immer auf Seiten der Gerechten. Meine
Sorge und Gebet ist nur, daß ich und die Nation auf der
Seite des Herrn sein mögen.«

Lincoln war kein Kirchgänger gewesen. Man wußte
auch nie so recht, wie er es nun mit der Religion halte. Die
letzte Zeit des Lebens offenbart eine solche Verwurzelung
des ganzen Menschen im göttlichen Bereich, daß ihm
wahrscheinlich keine der äußeren Religionsformen ent-
sprechend war.

Am Palmsonntag hat die Hauptarmee der Konföderier-
ten kapituliert. Nun bricht Karfreitag an, der 14. April.
Lincolns Wesen strahlt eine besonders liebevolle Heiterkeit aus. Wieder hatte sich in der Nacht der Traum einge-
stellt, den er bereits des öfteren während des Krieges vor

wichtigen Ereignissen gehabt hatte. Er sah sich in einem Schiff mit großer Geschwindigkeit auf ein steil aufragendes Ufer zufahren. Der Präsident deutet es als ein glückliches Zeichen.

Für den Karfreitag Abend war zur Feier des Sieges ein Theaterbesuch vorgesehen, ein englisches Lustspiel »Unser amerikanischer Vetter«. Lincoln, der sich sonst gern im Theater entspannte, wollte an diesem Abend eigentlich daheim bleiben und ging schließlich nur seiner Frau zuliebe mit.

Der Attentäter hatte die Örtlichkeit vorher genau ausgespäht. Wußte er, daß der diensthabende Leibwächter ein leichtfertiges Gewissen besaß? Hatte dieser doch seinen Platz hinter dem Stuhl des Präsidenten verlassen, um von einem anderen Platz aus besser sehen zu können. So konnte durch ein zuvor gebohrtes Loch der tödliche Schuß ungehindert das Hinterhaupt Abraham Lincolns treffen. Zunächst begriff niemand, was geschehen war. Dann schwang sich der Mörder in kühnem Schwung über die Brüstung, sprang auf die Bühne, schrie: »sic semper tyrannis«, und entfloh. Dann erst gellte ein Schrei durch das Theater: Sie haben den Präsidenten ermordet. Als man den bewußtlosen Mann herausträgt, hängt ein roter Ostermond am Himmel. Die Menge drängt sich auf der Straße. Dann winkt ein Mann, der vor der Tür seines Hauses steht, tritt beiseite, und sie legen Abraham Lincoln auf das für die große Gestalt viel zu kurze Sofa irgendeines Fremden. Ein junger Arzt bemüht sich um ihn, aber Karsamtag in der Frühe,

ABRAHAM LINCOLN
1809–1865

während draußen ein kalter Regen niedergeht, tut Abraham Lincoln den letzten Atemzug. Er war 56 Jahre alt.

»Der Herr wird immer bei den Gerechten sein.« Wo war der Herr? Das ist die nie endende Frage der Menschen in dieser und ähnlichen Situationen. Wir müssen das Lebensganze ins Auge fassen – den sichtbaren und unsichtbaren Bereich. Wir gehen alle als Wanderer durch den physischen Bereich, der eine ein kurzes, der andere ein längeres Wegstück. Was hier dann verschwindet, leuchtet im unsichtbaren Bereich wieder auf und wandert weiter. Opfer müssen gebracht werden, damit die Waage im Gleichmaß bleibt. Wer weiß denn, ob die Wirkenskraft eines solchen Opfers nicht ins Unendliche gesteigert wird durch solch einen Tod?

»Die Lehrer aber werden leuchten wie des Himmels Glanz und die, so viele zur Gerechtigkeit weisen, wie die Sterne immer und ewiglich« (Daniel 12,3).

JUSTINUS KERNER

Erforschung des Geisterreiches

In dem Sternkreis, der Anfang des 19. Jahrhunderts in Europa sein Licht erstrahlen ließ, darf ein Stern nicht fehlen, dessen Glanz sicherlich nicht am hellsten funkelte, aber von solcher Aura umgeben war, daß er viele Seelen mächtig in seinen Bann zog. – Das Kerner-Haus in Weinsberg war für einen kurzen Zeiten-Augenblick so etwas wie ein geistiger Mittelpunkt, in dem sich menschlicher Gemütsreichtum mit Ahnungen und Erkenntnissen des Übersinnlichen verbanden.

Justinus Kerner – versuchen wir, uns ein Bild von ihm zu machen. Sein Freund Varnhagen von Ense schildert den Mit-Studenten in Tübingen in anschaulicher Weise.

»Er ist ein unschuldiges kindliches Gemüt, äußerlich vernachlässigt, innerlich dem Höheren zugewandt. Aber er kennt nur sein Schwaben ... Er hat den lebendigsten Sinn für Scherz, ist edel, tapfer, gutmütig. Lebt in einer Stube mit Hunden, Katzen, Hühnern, Eulen, Eichhörnchen, Kröten, Eidechsen usw. ganz freundschaftlich zusammen. – Er steht der Natur sehr nahe, besonders ihrer dunklen Seite. Seine Augen haben etwas Geisterhaftes, Frommes. Er hat etwas Somnambules, das ihn auch im Scherz und Lachen begleitet.«

Aber wie ist das – kennt dieser Jüngling wirklich nur sein Schwaben? Blättert man in dem späteren Gästebuch des Kernerhauses, so legen die dort eingetragenen Namen ein beredtes Zeugnis dafür ab, daß der Horizont wesentlich weitgespannter war. Da sind keineswegs nur die Freunde aus dem Schwabenland eingetragen, als da sind Mörike, Uhland, Gustav Schwab, um nur die Bekanntesten zu nennen, da lesen wir auch die Namen von Schleiermacher, Emanuel Geibel, Nikolaus Lenau, Schelling, Ludwig Tieck – und schließlich sogar die Schriftzüge des Königs von Schweden und der Herzöge von Bayern und Württemberg.

Wie jedoch gerät man ins Staunen, wenn man den Spruch liest, den der Arzt Justinus Kerner dem Grundstein seines endlich erworbenen Häuschens einfügt. Da ist nichts von schwäbischem Kleinbürgertum, sondern ein Bewußtsein, das das eigene Geschick einzuordnen weiß in die umfassenderen historischen Schicksale:

»Dieses Haus war mit Gott erbaut von Justinus Kerner, dem Arzte, der auch Lieder sang, und seine Hausfrau Friederike im Jahre 1822, zur Zeit, da des Himmels Gestirne wärmend wie kaum je auf Berg und Tal herniederschauten – aber Europas Herrscher, abgewandt vom Himmel, kalt stunden und zuschauten dem teuflischen Mord von Hellas.«

Was hat diesen äußerlich so schlichten Mann berühmt gemacht, so daß die Tübinger Universität 1858 in einem Jubiläumsfest nach 50 Jahren sein Doktordiplom erneuerte? Eine lateinisch gehaltene Laudatio preist den Jubilar in dreifacher Weise: »Als Arzt war er ein Trost der Kranken, als Dichter eine Wonne der Musen, als Erneuerer der Magie eine Geißel der Dämonen.«

Justinus Kerner muß ein hingebungsvoller Betreuer seiner Kranken gewesen sein. Ein alter Weingärtner sagte einmal: Wie der heilige Johannes saß er an meinem Bett. Dabei besaß er so viel erfinderischen Scharfblick, daß er einmal ein ganzes Dorf von einem Kropfübel befreien konnte, weil er den Zusammenhang mit einem bestimmten Wurstfett entdeckte.

Als Dichter ist Kerner in manchen Liedern volkstümlich geworden, aber den Größen seiner Zeit auf diesem Gebiet nicht vergleichbar; doch ist man zuweilen überrascht von dem musischen Zauberklang, der aus seinen Worten dringt.

> »Was in stiller Mitternacht
> Wenn die Erde ringsum schlief,
> Mir oft aus dem Herzen tief
> Lieder hat hervorgebracht,
> War des Lebens Schwere nur,
> Die mir oft am Herzen zieht
> Wie's Gewicht zieht an der Uhr,
> Bis sie flötet laut ein Lied.«

Das Außergewöhnliche seines Wesens jedoch prägt sich in dem magischen Zug aus, der ihn zur Erforschung des Geisterreiches drängte.

»Flüchtig leb ich durch's Gedicht,
Durch des Arztes Kunst nur flüchtig.
Doch wenn man von Geistern spricht,
Denkt man mein noch und schimpft tüchtig.«

Kerner sah sich selbst als »Wissenschaftler des Übersinnlichen«, des seelischen Zwischenreiches, um auf dem
Wege »kalter Beobachtung« die Geistererscheinungen
als »höhere Naturwahrheiten« zu erkennen. Dazu wollte
er den Weg bereiten. »Und brech' ich mir auch den
Hals!«

Eigentlich hätte der Festredner noch eine vierte Tugend
in seinen Lobeshymnus aufnehmen müssen: Kerner war
ein Genie der Freundschaft. Es ist ergreifend zu lesen, mit
welch liebevoller Hingabe er dem Freunde Nikolaus Lenau
in dessen Schwermutszeiten zur Seite steht. »Am besten
wäre es, wir wären zusammengewachsen«, wünschte sich
der mit Schatten ringende Ungar. Und wie verstand er es,
den schwedischen König Gustav IV., den man zur Abdankung gezwungen hatte, und der nun als Oberst Gustav-
son durch die Lande zog, mit dem Unrecht zu versöhnen,
das ihm angetan worden war. »Die Menschen haben Ihnen
eine Krone vom Haupte genommen, aber Gott hat seine
Hand segnend darauf gelegt, und ein höheres geistiges
Leben ist Ihnen aufgegangen.« Man konnte sich nach dem
Besuch des Königs in Weinsberg nicht trennen – immer
wieder kehrte der König um und schloß seinen Tröster in
die Arme. Damals zeigte man noch Gefühle!

Im Lebensteppich von Justinus Kerner lassen sich gewisse Grundfäden deutlich ablesen. 1786 wird er in Ludwigsburg als jüngstes Kind eines Oberamtmanns geboren. Herzog Eberhard Ludwig hatte die Gemeinden Schwabens angehalten, jeweils ein Haus in dieser seiner Stadtgründung zu erstellen. Es ist, als erhasche man ein Augenzwinkern des Schicksalsgenius, wenn man hört, daß just die Bürger von Weinsberg das Geburtshaus von Kerner errichteten. Die Beschreibung der Kleinstadtidylle klingt für unsere heutigen Ohren geradezu märchenhaft. Man denke: Die Mittagsstille eines Sonntag konnte auf dem Marktplatz von Ludwigsburg so dicht sein, daß man das Ticken der Rathausuhr hörte! Der Sturm, der die Welt an diesem Jahrhundertende durchbraust, weht durch die Schicksale der älteren Brüder herein, vor allem durch das Schicksal Georgs, der sich auf sehr temperamentvolle Weise in Paris mit der Revolution auseinandersetzte.

Als Kind war Justinus ein Träumer und lernte schwer, vor allem die vermaledeite Kunst des Rechnens! Und wie sollte man auf Anhieb auch immer gleich wissen, wo rechts und links ist! – Erst das 9. Lebensjahr brachte eine Zäsur. Die Eltern waren inzwischen nach Maulbronn übergesiedelt. Alles war hier neu, so auch die Weinernte. Um alles nur ja genau ergründen zu können, klettert der Knabe auf den Kelterbaum in der Klosterkelter, beugt sich zu weit vor und stürzt hinunter. Man trägt das bewußtlose Kind nach Hause, das am nächsten Morgen in einer Art Zwischenzustand erwacht, vor den Spiegel geht und im Anschauen seiner selbst immerfort frägt: »Wer bin ich? Wo bin ich? Was bin ich?« Nach einer Woche ist alles wieder ins Gleichmaß gerückt; aber durch den Schock ist der Traumschleier, der über dem kindlichen Gemüt lag, zerrissen, und die leise Ich-Berührung hat einen neuen Erdensinn in ihm erweckt. Das Lernen bereitet keine Schwierigkeiten mehr; vor allem jedoch zeigt sich eine neue Liebe zur Natur, verbunden mit intensiver Betrachtung ihrer Phänomene. Sein Zimmer füllt sich mit Blumen und Tieren. Voll geduldiger Faszination schaut er der Verwandlung von Ameisenlöwen zu Nymphen, von der Raupe zum Schmetterling zu. So lauscht er sich in die geheimnisvollen Wirkenskräfte der Natur hinein, die zeitlebens zu einem Inspirationsquell für ihn werden sollten.

Um das vierzehnte Lebensjahr wird er von einer merkwürdigen schleichenden Krankheit befallen, die die Lebenskräfte aufzehrt. Der Magen weigert sich, irgend etwas von Nahrung, Erdenstofflichkeit aufzunehmen. Es ist wie ein Dahinschwinden. Die Seele, die in dieser Lebensepoche den Leib kräftig ergreifen sollte, hält sich nur noch locker an ihm fest. Endlich schickt man ihn in Begleitung eines Knechtes zu einem namhaften Arzt nach Heilbronn. Aber auch diese Konsultation fruchtet nichts. Abends gelüstet es den Bediensteten an einer Festlichkeit auf dem nahegelegenen Wartberg teilzunehmen. Dort geschah es nun, daß ein Magnetiseur namens Gmelin, ein Schüler des berühmten Mesmer, seiner ansichtig wurde, ihn beiseite nahm und ihn langsam vom Kopf bis zur Magengegend mit seinen

Händen bestrich, auch die Herzgrube anhauchte. Unter diesen magnetischen Strichen wurde der Knabe immer müder und verfiel bald in einen wohltätigen Schlummer, aus dem ihn nach einigen Stunden ein nächtliches Gewitter riß. – Es war eine seltsame Nacht. Die magnetischen Striche hatten ordnend, heilend in den Kräfteleib des jungen Menschen eingreifen können. War es dieser Eingriff, der ihn nun für Momente in ein anderes Bewußtsein versetzte? Nach Heilbronn zurückgekehrt, holte ihn nochmals ein Unwetter aus dem Schlaf. Im Schein der Blitze flammten die Bilder der Kirchenfenster der gegenüberliegenden Kilianskirche auf und gewannen im Traumschlaf des Knaben ein eigenes Leben. Es war, als träten die Figuren aus dem Fenster heraus und tanzten einen Reigen, Zeit und Raum übergreifend. Es waren auch keine fernen Heiligen mehr, vielmehr schienen sie den Träumer freundschaftlich zu grüßen, und miteins sah er sich selbst in den schwebenden Reigen eingefügt. Eine Mädchengestalt vor allem zog ihn immer wieder in ihre beruhigende Nähe. Als er Jahre später seine Braut fand, war es wie ein Wiedererkennen dieses Traumbildes.

Fortan war Justinus Kerner öfter in diesem Zwischenreich zu Gast, in dem uns die Vor-Bilder des Zukünftigen umschweben. Seit dieser Nacht wuchs ihm Gesundheit zu und ließ ihn erdentüchtig werden.

Nach dem frühen Tod des Vaters wird ein Handwerk ergriffen. Einen ordentlichen Schreiner kann man immer gebrauchen, also zimmert er – Särge! Eigentlich hatte man ihn, seiner poetischen Ader wegen, zum Konditor Baechtlin in Ludwigsburg in die Lehre geben wollen. Dieser war Theosoph und kannte sich aus in der pythagoreischen Lehre der Seelenwanderung! Das streift so an ihm vorbei, denn eine Lehre in der herzoglichen Tuchfabrik erscheint profitlicher. Also werden zwei Jahre lang Säcke genäht von morgens bis abends. Bald taten die Hände die Arbeit von selbst, und Seele und Geist konnten derweil auf Wanderschaft gehen, fabulieren und phantasieren, ja sogar ein Lustspiel in Jamben ersinnen: »Die zwölf betrogenen württembergischen Pastoren«. Zuweilen holte man den Jüngling, der so schön auf der Maultrommel zu spielen verstand, in das benachbarte Irrenhaus, um die Kranken zu besänftigen.

Schließlich befreit ihn der Bruder Georg, der es inzwischen in Hamburg zum wohlbestallten Arzt gebracht hat, aus dieser Lage und ermöglicht ihm ein Studium.

Dieser Studienbeginn dünkt märchenhaft, verglichen mit den heutigen Verhältnissen. Da wandert der 18jährige Kerner durch den Schönbuch gen Tübingen. Gegen Abend sieht er das Städtchen vor sich liegen, noch weiß er keineswegs, *was* er studieren soll! Auf einer Bank sitzend hat ihn ein Schläfchen übermannt. Erwachend bemerkt er, wie der Wind ihm zugleich mit dem Laub ein Stück Papier vor die Füße wirbelt. Er hebt es auf, es ist ein Rezept, das Dr. Uhland (Onkel des Dichters) ausgestellt hatte. Ruhig steckt er das Papier in die Tasche. »Also gut, werde ich Arzt.«

Wußte er noch, daß sich die Lebenswege nicht ergrübeln lassen? Wohl aber hält das Schicksal die leisen Winke bereit, durch die der Genius spricht.

Merkwürdig, wie sich die Gestirne in ihrem Wandel zuweilen leise berühren! In Ludwigsburg ging Jung-Stilling einmal an Kerner vorüber, als er das Irrenhaus besuchte. In Tübingen ist dem Medizinstudenten für kurze Zeit der kranke Hölderlin in Obhut gegeben.

Wichtigstes Ereignis: in diesen Jahren trifft er seine Lebensgefährtin, »das Rickele«. War es nicht eben die Gestalt, um die seine losgelöste Seele in jener Zauber-Traumnacht in Heilbronn immer gekreist war? Der Freundesring feierte Uhlands Geburtstag mit einer Wanderung auf die Achalm bei Reutlingen. In der bunten festlichen Schar fällt ein stilles, schwarzgekleidetes junges Mädchen auf, das um den verstorbenen Vater trauert. Wie macht man das nur, daß man sich in schicklicher Weise einem sofort geliebten, fremden Wesen naht? Kerner spricht sie mit dem Vers Goethes an:

>»Wie kommts, daß du so traurig bist,
> da alles froh erscheint?
> Man sieht dirs an den Augen an,
> gewiß, du hast geweint.«

Da dreht sich Friederike um und antwortet spontan mit dem zweiten Vers:

>»Und hab ich einsam auch geweint,
> So ist's mein eigner Schmerz,

Und Tränen fließen gar so süß,
Erleichtern mir das Herz.«

Damit war ein Bund fürs Leben geschlossen. Beide
waren 21 Jahre alt. Bis zur Heirat hatte es noch gute Weile.
Aber was sind das für seltsame Verlobungsbriefe, die der
Bräutigam an seine Braut richtet! Ist es das Element des
Todes, das diesem Bündnis von vornherein ein heiliges
Siegel der Ewigkeitsdauer einprägt?

Man wechselt Briefe, und der verabredete Ort des Aus-
tausches ist in einer Friedhofskapelle. Einmal geht Kerner
an dem Friedhof vorüber, es ist schon Nacht, da hört er
eine wunderbare Musik, ihm will scheinen, es sind Tänze,
Hochzeitstänze. »Die weißen vergoldeten Grabsteine,
vom Monde beleuchtet, flammten wie Lampen im Hoch-
zeitssaal ... Da flüstert mir eine Stimme zu, es war *Deine*
Stimme: das ist unser Hochzeitstanz!

. . .

Die Hochzeit ist bereit,
Komm, Bräut'gam! Kommt, ihr Gäste!
Es öffnen sich zum Feste
Die schwarzen Tore weit.«

Nur wenige Jahre vorher hatte Novalis seine Hymnen
an die Nacht gesungen: »Zur Hochzeit ruft der Tod, die
Lampen brennen helle.«

Es war, als habe vor dem Einbruch der großen geistigen
Verfinsterung im 19. Jahrhundert, wie sie sich im zuneh-

menden Materialismus ausdrückt, ein Himmelsspalt offengestanden, und die dafür offenen Seelen konnten etwas gewahren von der lichten Wirklichkeit der geistigen Welten. – Von solchen Ahnungen und Erfahrungen her kannte Justinus Kerner keine Angst vor dem Tode – er war ihm die »höchste Verherrlichung, zu der der Mensch im Leben kommt«. Gepriesen sind für ihn die Augenblicke, in denen es uns gelingt, »durch die Spalte des menschlichen Sargdeckels (da ist das, was wir Leben nennen!) in ein unendliches Lichtmeer zu schauen«.

Man sieht, wie die Neigung zur Melancholie, einer Sehnsucht nach dem Jenseits ihm eingeboren ist. Aber er hat es verstanden, die bloße Fruchtlosigkeit der Sehnsucht in eine Erkenntniskraft umzuwandeln, die in das Übersinnliche vordringt.

Nach bestandenem Examen geht Kerner erst einmal auf eine Reise, die größte, die er je machen sollte. Nach Hamburg zum Bruder Georg und später gen Süden bis nach Wien, wo er Friedrich Schlegel und Beethoven kennenlernt.

In Wildbad beginnt er dann als kleiner Badearzt. Darauf jedoch kann man noch nicht heiraten! Das geht erst in Welzheim; und als er von dort über Gaildorf nach Weinsberg übersiedelt, da hat er den Ort gefunden, der für immer mit seinem Namen verbunden bleiben wird, als ob der Genius loci nur auf sein Wesen gewartet habe. Kerner ist 33 Jahre alt.

Nach vierjähriger Wirksamkeit schenkt die Gemeinde

1822 der Arztfamilie ein Grundstück zum eigenen Hausbau. Daß dieses Grundstück ein ehemaliger Friedhof ist und das Gartenhäuschen ein Totenhaus war, mag andere als böses Omen schrecken, nicht so Kerner, der in zwei Welten beheimatet ist und durch seine herzwarme Menschlichkeit alle Schatten aufhellt und erlöst.

Viel müßte man erzählen, zum Beispiel wie sich der allseits geliebte Arzt um den Aufbau der Ruine Weibertreu verdient machte. Nun aber begann das wichtigste Kapitel dieses Lebens. Nicht nur die Krankheiten des Leibes, auch die der Seelen wollten von ihm geheilt werden. Das, was andere Menschen vielleicht abstößt, die »Ver-rücktheiten« der Menschen, zog ihn mit besonderem Helferwillen zu ihnen hin. Zum Helferwillen gesellte sich ein ausgeprägter Erkenntnisdrang: Ob es nicht gelingen könne, durch das, was auseinandergerückt, verschoben worden ist in dem Geist-Seele-Leibgefüge der Kranken, wie durch einen Spalt in das geheimnisträchtige Weltinnenreich des Menschen einen Blick zu tun, dorthin, wo Gott und die Geister wohnen. Aber Kerner wußte genau, daß der Erkenntnisschlüssel zu diesem Bereich geschmiedet sein mußte aus absolutem Respekt vor den Geistern und Dämonen, unter denen die Besessenen litten, und daß ein abschätziges Lächeln nur die eigene Torheit offenbaren würde. Dazumal wurden die »Stimmen«, die die Kranken hörten oder die allen vernehmlich aus ihnen schrien, noch nicht mit chemischen Mitteln zum Schweigen gebracht. Wohl aber wurde es ihm hie und da gewährt, die Dämonen zu befrieden und sie durch die Kraft seines starken anhaltenden Gebetes zu vertreiben.

Seine Lehrmeisterin auf diesem Gebiete wurde Friederike Hauffe, »die Seherin von Prevorst«. Wer heute im Kernerhaus in Weinsberg das Bildnis dieser Frau sieht, glaubt in das gemmenhaft fein geschnittene Antlitz eines weisen, vornehmen durchgeistigten Türken zu sehen, von edler männlicher Schönheit, das anziehend Geheimnisvolle des Somnambulen ausstrahlend. Nie würde man auf den Gedanken kommen, hier ein in seiner Jugend kräftiges schwäbisches Bauernmädel vor sich zu haben. Im benachbarten Schaukasten ist übrigens ein Papier zu sehen, auf das die Kranke in Zeiten ihrer Entrückung arabische Schriftzüge hingeworfen hat in vollendeter Form. Unnötig zu sagen, daß sie diese schwierige Kunst nie erlernt hat.

Wer kann wissen, durch welche inneren Erlebnisse die 21 Jahre junge Frau aus den Löwensteinerbergen plötzlich davor zurückzuckte, mit ihrem Ich den Leib voll zu ergreifen. Selbst Ehe und Mutterschaft konnten diesen Geist nicht an das alltägliche Leben binden. Aber wenn der rechtmäßige Geist nicht einzieht, ergreifen Dämonen Besitz vom leeren Haus. So wurde Friederike Hauffe mehr und mehr von Krämpfen geschüttelt, fremde Stimmen redeten aus ihr, zum Beispiel auch Geister von Verstorbenen, die durch eine Untat nicht zur Ruhe kamen. Frau Hauffe sprach mit ihnen, wie mit hilfsbedürftigen Kindern, unterrichtete sie im Christentum, ging für sie zum

Abendmahl, bis solch ein Geist Ruhe fand und sich manierlich von ihr verabschiedete.

Man hat den Eindruck: das Ich dieser Persönlichkeit zieht nicht in den Leib ein, bleibt wie schwebend darüber und ermöglicht ihr dadurch Wahrnehmungen von Geschehnissen in weiter Ferne, entrückt sie jedoch aus dem Tatenfeld der täglichen Aufgaben. Je sensibler sie wird für alle Einflüsse aus der Umwelt, vor allem die der Metalle, um so wehrloser ist sie den Attacken der Dämonen in ihren Krampfzuständen ausgesetzt. Etwas in ihrem Wesensgefüge ist ver-rückt.

Justinus Kerner war keineswegs darauf erpicht, auch diese Kranke noch in sein Haus aufzunehmen. Zudem wollte er zunächst von ihren Zuständen und Erlebnissen gar nichts wissen. In nüchterner Wachsamkeit mußte erst einmal die feine Grenze zwischen Hysterie und echtem Somnambulismus festgestellt werden. – Schließlich jedoch dauerten ihn ihre schrecklichen Krämpfe so, daß er sich doch entschloß, mit magnetischen Strichen seiner Hände (die ihn selbst bereits als Kind gerettet hatten) ordnend in diesen durcheinandergerüttelten Organismus einzugreifen. Und was keine andere Maßnahme vermochte, das bewirkte dieses unwägbare Fluidum seiner Hände. Der magnetische Schlaf, in den die Seherin dann verfiel, war voller Gesichte. Kerner hat sie treulich aufgezeichnet in seinem Buch »die Seherin von Prevorst«, das in den daran interessierten Kreisen ein bemerkenswertes Aufhorchen in der ganzen Welt bewirkte.

»Im Innern ist ein Universum auch«, dieses Goethewort fand seine exakte Beschreibung bei dieser Kranken.

Das bewußte Denken als Erkenntnisquelle war ausgeschaltet. Die Herzgrube jedoch, das Sonnengeflecht, erwies sich ebenfalls als Organ der Erkenntnis. Aus der Herzgrube hebt sich ihr ein Kreis, der Sonnenkreis, aus konzentrischen Kreisen gebildet. Darunter aber fühlt sie noch einen Kreis, den sie Lebenskreis nennt, der alles Seelische umfaßt und Zahlen und Worte aus sich heraus gebiert. Diese Kreise empfindet sie in fortwährender Bewegung. – Aus den wiederholten Schilderungen der Kranken geht hervor, daß man die sieben Kreise des sogenannten Sonnenkreises als Abbilder der sieben Planetensphären anschauen kann. Sie schildert zum Beispiel deutlich die schaurige Kälte des äußeren, des Mondenkreises. Der dritte Kreis scheint die eigentliche Sonnensphäre abzubilden, von ihr Gnadensonne genannt, in deren leuchtende Tiefe zahllose andere Wesen auch eintauchen. – Dieser dritte Kreis ist wiederum zwölffach gegliedert. Man wird unwillkürlich an die Beschreibung Rudolf Steiners erinnert von der zwölfblättrigen Lotosblume, die sich in der Nähe des Herzens befindet und ein Verständnis der Naturvorgänge und das Wahrnehmen der Gesinnungen anderer Menschen ermöglicht. Genau dies trat in den Trancezuständen der Seherin ein. – Rudolf Steiner beschreibt in seinem Buch »Wie erlangt man Erkenntnisse der höheren Welten«, wie diese höheren Wahrnehmungsorgane durch innere Schulung auf gesunde Weise entwickelt werden, ohne die wache

JUSTINUS KERNER
1786–1862

Erdentüchtigkeit zu mindern, sie vielmehr noch zu steigern. – Allmählich schwindet für Friederike Hauffe das normale Zeitbewußtsein, und die Erinnerungskraft für das Irdische nimmt ab, durch jeden Krampf, jeden magnetischen Schlaf mehr geschwächt. Das Ich aber braucht die Erinnerungskraft, um sich seiner selbst bewußt zu werden. – Zuweilen träumt sie ihre Arznei: »Legt mir einen Bergkristall auf die Herzgrube!« Das half ihr, den magnetischen Schlaf abzuwerfen. Oder sie ruft laut den Namen des Christus. Das bringt sie zu sich. Mit 28 Jahren wird sie aus ihrem aufgezehrten Leibesgehäuse befreit – sie stirbt mit einem Freudenschrei!

Kerner hat durch mehrere Jahre hindurch den Weg der Seherin begleitet. Sie verhalf ihm zu Kenntnissen des Zwischenreiches. Heute spricht man von der Tiefenpsychologie. Dürfte man Kerners Forschen eine Art Höhenpsychologie nennen? Dabei weiß er die Geister genau zu unterscheiden. Man darf wohl sagen, daß sich in ihm der Okkultismus mit dem Christentum auf legitime Weise verbanden. Der Glaube schließt die Erkenntnis ja nicht aus – im Gegenteil. Dieser tief fromme Mann hielt sich an das Wort aus dem Johannesevangelium: »Ihr sollt die Wahrheit erkennen, und die Wahrheit wird euch frei machen« (Joh. 8).

In seinen Briefen ist deutlich abzulesen, wie er nach einem geistigen Übungsprinzip sucht, ohne Rückgriff auf östliche Praktiken, die dem modernen Bewußtsein nicht angemessen sind, und ohne krankhafte Trance-Zustände.

»Ich glaube, daß die Menschen es auch noch auf dieser Welt dahin bringen könnten, geistig beieinander zu sein. Wenn man nur nicht immer an der Materie statt am Geist schaffen würde! Man übt die Füße zum Springen, den Geist könnte man auch üben, daß er hinginge, wo man wollte« (Briefe).

Auch wenn die Beziehungen Kerners zu seinem Ortspfarrer nicht die herzlichsten waren (»dieser Seligkeitselefant«), so wäre es absolut fehl am Platze, seine Religiosität noch extra betonen zu wollen. Jeder, der sein Buch über die Seherin von Prevorst gelesen hatte, wurde davon berührt. – Wie unbekümmert und großzügig man dazumal noch mit seinen geistigen Früchten umging, zeigt der Briefwechsel Kerners mit Alexander Fürst Hohenlohe, Prälat und Domherr von Großwardein in Ungarn. Da bittet doch dieser hochwürdige katholische Kirchenfürst den evangelischen Arzt und »Seelsorger« schlichtweg, ob er ihm nicht in seiner Predigtnot aushelfen und für ihn eine Reihe von Fastenpredigten ausarbeiten und zusenden könne! Und tatsächlich, unter dem 25.III.1835 finden wir folgendes Dankschreiben des überarbeiteten Geistlichen: »Innig Verehrter! Wie finde ich Worte zu danken für alle Mühewaltung, um die ich gebeten, die Sie mir gegeben. Mit Rührung habe ich bereits schon die zweite Predigt vorgetragen und hoffe zu Gott, den ganzen Zyklus so zu enden, zu Gottes Ehren und des Nächsten Frommen.« Daß diese Fastenpredigten dann auch noch unter dem Namen des Fürsten Hohenlohe in Wien gedruckt wurden, mag uns Heutige als der Gipfel einer schier unerreichbaren Großzügigkeit dünken.

Wir dürfen uns das Leben im Kernerhaus mit all seinen Kranken, Besessenen und Geistern keineswegs trübsinnig vorstellen. Alles war durchhellt und beseelt von einer wunderbaren Menschlichkeit. Allerdings mußten immer Gäste da sein, das Gespräch war diesem Manne, der mit halber Seele schon immer »drüben« war, so lebensnotwendig wie Brot. Man kann sich denken, daß das in der Praxis für eine Hausfrau nicht immer einfach war. So wenn der Ehemann, für den das Dasein seiner Frau so selbstverständlich wie die liebe Luft ist, vor dem Bett der kranken Frau steht und sie mit dem Egoismus der Liebe beschwört: »Rickele, steh auf, es kommen Gäste!« – Und wie befreiend wirkte seine wahrhaft göttliche Unbefangenheit im Umgang selbst mit den höchsten Herrschaften! So konnte es sein, wie Sohn Theobald berichtet, daß er mit einem Prinzen spazierenging und ihn mit »Durchlaucht« titulierte. Vom Sohn flüsternd korrigiert, sagte der Vater zum Prinzen: »Ei, eben sagt mir mein Theobald, Sie seien Hoheit. Ist das wahr? – Ja, entgegnete dieser. – Königliche Hoheit? fragte mein Vater. – Nein, sagte lächelnd der Prinz. – Ach, das tut nichts, sagte mein Vater und klopfte dem Prinzen tröstend auf die Achsel, ich bin's auch nicht.«

Endlich jedoch konnten auch die Bitten des Gatten Friederike Kerners Seele nicht mehr auf der Erde zurückhalten. »Ich wäre schon längst gestorben, aber die Gäste lassen mir keine Zeit dazu«, hatte sie wohl schon zuweilen geseufzt. Aber Ostern 1854 waren die irdischen Kräfte aufgezehrt. Ruhig und bewußt löste sich der Geist dieser hingebungsvollen Frau, die ihrem Justinus überhaupt erst die Existenz ermöglicht hatte, die ihm notwendig war.

Der zunächst Trostlose empfing dann durch die Geist-Gegenwärtigkeit der Verstorbenen selbst den größten Trost. Das Tor des Todes wurde ihm zum Tor der Offenbarung.

> » . . . doch sieh, seit Du gestorben,
> (weiß nicht wie mir geschah)
> hab ich Dich *erst* erworben,
> Herz, bist Du erst mir nah.
>
> Nicht Berg und Tale trennen
> O Herz, mich mehr von Dir,
> Leis darf ich Dich nur nennen,
> Da bist Du schon bei mir . . .
>
> Die andern nicht begreifen,
> Was Sel'ges ich ersah,
> Was die nicht schauen, greifen,
> Das ist für sie nicht da.
>
> *Die* wissen nichts von drüben,
> *Die* wissen nur von hier,
> Nicht wie sich Geister lieben,
> Doch Herz! – das wissen wir!«

Die acht Jahre, die er noch auf Erden verweilte, waren ein langsames Verglimmen des Lichtes. Die Mönchskutte schien das gemäße Kleid. Die Augen verloren die Fähigkeit, nach draußen zu schauen, blickten nun ganz nach innen. Das Heimweh nach Drüben zog ihn, für den zeitlebens Jenseits und Diesseits zwei einander zugehörige Hälften waren, in das benachbarte Reich der göttlichen Geister.

>>Die Hochzeit ist bereit,
Komm, Bräut'gam! Kommt, ihr Gäste!
Es öffnen sich zum Feste
Die schwarzen Tore weit.<<

LITERATURVERZEICHNIS

NAPOLEON: Friedrich Sieburg »Napoleon«, München o.J.
André Maurois »Napoleon«, Reinbek 1966.
Karl Heyer »Die Französische Revolution und Napoleon«. Beiträge zur Geschichte des Abendlandes.
VII. Band, 1953, Manuskriptvervielfältigung.

JOHANN GOTTLIEB FICHTE:
»Fichtes Leben und literarischer Briefwechsel« von
Immanuel Hermann Fichte. Leipzig 1862.

JEAN FRÉDÉRIC OBERLIN:
Jean Paul Benoit »Brücke der Barmherzigkeit«.
Konstanz 1956.
Alfons Rosenberg »Der Christ und die Erde«. Olten
1953.
Wilhelm Heinsius »J.Fr.Oberlin und das Steintal«.
Sonderdruck aus dem alemannischen Jahrbuch 1955.
Laar 1955.
Lisa de Boor »Oberlin«. Stuttgart 1963.

SERAFIM VON SAROW:
Igor Smolitsch »Leben und Lehre der Starzen«.
Köln/Olten o.J.

HEINRICH JUNG-STILLING:
»Jung Stillings Lebensgeschichte« von ihm selbst
erzählt. Leipzig o.J.

HÖLDERLIN: Hölderlins Werke. Herausgegeben von Dr. Erich Lichtenstein. Weimar 1922.

Wilhelm Michel »Das Leben Friedrich Hölderlins«. Bremen 1940.

Friedensfeier. Herausgegeben von Friedrich Beissner. Bibliotheca Bodmeriana IV. Stuttgart 1954.

CAROLINE SCHELLING:

»Carolinens Leben in ihren Briefen« auf Grund der von Erich Schmidt besorgten Gesamtausgabe, in Auswahl herausgegeben von Reinhard Buchwald. Leipzig 1923.

Toni Rothmund »Caroline Schlegel«. Leipzig 1926.

ABRAHAM LINCOLN:

Carl Sandburg »Abraham Lincoln«. Hamburg/Wien 1958.

Emil Ludwig »Abraham Lincoln«. Berlin 1930.

WILLIAM WILBERFORCE:

A.H.Lawson »The man who freed the slaves«. London 1962.

Robin Furneaux »William Wilberforce«. London 1974.

JUSTINUS KERNER:

»Das Leben des Justinus Kerner« erzählt von ihm und seiner Tochter Marie. München 1967.

Theobald Kerner »Das Kernerhaus und seine Gäste«. Heilbronn 1964.

»Justinus Kerners Briefwechsel mit seinen Freunden«. Herausgegeben von Theobald Kerner. Stuttgart 1897.

Justinus Kerner »Die Seherin von Prevorst«. Leipzig o.J.

Bildquellen: Bildarchiv Preußischer Kulturbesitz, Berlin: 1, 2, 3, 5, 6, 7, 8, 9, 10. Bild 4: Serafim von Sarow wurde mit freundlicher Genehmigung der Verfasserin entnommen dem Werk »Das immerwährende Herzensgebet«. Russische Originaltexte zusammengestellt und übersetzt von Alla Selawry.